I0017740

React v18,

TypeScript e ...

Next.js v13

la libreria, il linguaggio ed il framework full stack

Indice

Ringraziamenti

Ringrazio prima di tutto Ilaria, che mi supporta e mi sopporta, ... che ha sempre creduto in me e nelle mie capacità. Molto più di quanto non abbia mai saputo fare io nei confronti di me stesso. Se ho realizzato qualche cosa, il libro che tieni per le mani per esempio, è soprattutto grazie a lei. Poi ringrazio anche Lorenzo e Sofia, ... che qualche volta si fermano a disegnare seduti di fianco al babbo, mentre lavora o monta qualche video. E li ringrazio anche per quelle volte che mi rincorrevano ridendo per casa mentre si stava svolgendo una riunione importante ed io scappavo alla ricerca di un luogo silenzioso, con loro dietro come gli anatroccoli con la loro mamma.

Ringrazio chi mi ha aiutato a scrivere questo malloppo di appunti. Chi me li ha commentati. Chi li ha anche solo letti. Chi mi ha suggerito volontariamente o meno quale contenuto aggiungere. Chi mi ha suggerito contenuti e chi mi ha lasciato qualche feedback. Chi mi ha aiutato a correggere le mie sviste.

E poi grazie a tutte le persone di tutte le community che mi hanno permesso nella vita di diventare il programmatore che sono. Qualunque youtuber che mi ha insegnato qualcosa. Blogger. Creatori di contenuti in generale. Grazie a tutti per aver condiviso. Questo testo è la mia voglia di fare la mia parte. Per dare indietro quello che ho ricevuto. Sognando qualche volta di restituire anche di più. Grazie per i consigli. Grazie ancora di tutto.

Ringrazio anche te, che sei qui a dedicare del tempo a questo piccolo artefatto. L'ho scritto per te e mi auguro che la condivisione di quello che ho imparato possa esserti di aiuto. Per la tua vita lavorativa attuale o futura. Per il tuo tempo libero. Per qualsiasi cosa tu ritenga opportuno.

Perché no, ... grazie anche a YouTube. Ho iniziato con la voglia di condividere contenuti. Ho proseguito scrivendone una versione cartacea. Tutto è partito da lì. Quindi grazie anche a te.

Grazie, grazie ed ancora grazie! Ed ora ti auguro una buona lettura!!

Contenuti principali

Note
Ti racconterò che cosa troverai dentro queste pagine e che cosa potrai aspettarti dopo averle lette. Come usarle e come non usarle.

Prerequisiti
In questa sezione troverai tutte le indicazioni per partire con React. Prima ancora di installarlo, avremo bisogno di altri strumenti. Installerai questi, e sarai finalmente pronto a partire.

Installazione React
Può essere installato in modi diversi. Sia per creare una nuova applicazione. Sia per aggiungere React ad una applicazione scritta in precedenza. Qui troverai quelli che ho sperimentato.

Caratteristiche di base
Le caratteristiche base della libreria. Il linguaggio con cui è scritta, stili di scrittura vecchi e nuovi. Potresti ritrovarti a mantenere applicazioni con versioni vecchie di React. Voglio fare il possibile per aiutarti a gestirle. In oltre React nel tempo ha sviluppato diversi pattern. Ad esempio la costruzione di un error boundary. Senza un componente custom, devi crearne uno tu.

Built-in Hooks
Sono penso la più grossa innovazione avvenuta nella libreria da quando è uscita. Danno ad una applicazione React uno strumento incredibile per gestire lo stato, la comunicazione tra componenti e molto altro.

Altri Hooks
Alcuni hook custom direttamente dal mondo della community. Molti sono un po' lo standard di fatto.

Gestione dello stato
Ovvero come gestire lo stato della pagina e far comunicare componenti anche distanti tra loro.

Deploy

Piccoli ma utili cenni su come si prepara l'applicazione per essere buildata e preparata per essere pubblicata su un server.

TypeScript

Inizialmente non pensavo di includere questa sezione nel libro ma si è resa necessaria quando mi sono reso conto che le moderne applicazioni sono in verità scritte in TypeScript. Next.js compreso. Così come le basi di React sono necessarie, ... quelle di TypeScript non possono mancare.

Next.js

Un framework full stack consente lo sviluppo di applicazioni client e server basato sulla libreria React.

Yahtzee

Alla fine del libro ho realizzato un gioco. Serviva un progetto che facesse da collante tra varie parti del libro. Ho realizzato due progetti separati: uno in Php per la parte server ed uno in React per la parte client.

Note

A chi è destinato

Questo libro è destinato a chi non sa da dove iniziare ma sa che vuole provare ad imparare a fare "le cose dei programmatori". Oppure è destinato a chi conosce le basi di HTML, CSS e Javascript ma vuole andare oltre ed imparare uno degli strumenti più diffusi del momento. Questo libro è destinato a chi ha sentito parlare di React, Angular o Vue, ma tra questi ancora non si è cimentato nello studio di React. È destinato soprattutto a chi ha letto libri, forse frequentato corsi o seguito workshop, ma non riesce a sommare un'idea che ha in testa con gli strumenti che si è studiato.

E' destinato anche a chi di queste cose ne sa di tutto un po' e gli piacerebbe avere sottomano un bel blocco di appunti da consultare alla bisogna. Questi sono i miei appunti e li volevo condividere con te.

Ti anticipo già che per buona parte questo libro parla di qualche concetto di React, ma il bello viene verso la fine dove vedremo la realizzazione di una vera e propria applicazione. Ho notato che tante nozioni si imparano facilmente, ma non facilmente si riescono ad utilizzare per creare qualche cosa di concreto. Manca il ragionamento. Ecco questo libro è destinato a chi ancora quel ragionamento lo deve acquisire. Non ho la pretesa di dire che sono uno sviluppatore front end. Anzi non lo sono affatto. Ma posso dire che davanti ad un problema so trovare una soluzione. Io qui racconto solo le soluzioni che ho trovato.

Questo libro è destinato anche a chi non ha troppa dimestichezza con l'inglese. Non tutta la documentazione è stata tradotta. Non troppo materiale esiste in italiano. Queste pagine invece sono tutte quante scritte in questa meravigliosa lingua.

La fonte dei contenuti

Quando pubblicavo i primi video su youtube ero convinto fosse importante avere un copy pronto da leggere mentre sotto scorrevano le immagini. Il risultato era, ... video veloci e parlantina ben ritmata. Ma tutto senza anima. Così ho iniziato a fare video senza leggere un testo prestabilito. Improvvisando. Un poco come fossero tutte delle live. Prima di registrare, ovviamente, provavo ogni passaggio per non ritrovarmi a perdere tempo a cercare nella documentazione durante la registrazione. O meglio, ... prima studiavo, capivo come usare una feature ed infine registravo un video. Il codice prodotto in quel video, ed in parte anche i ragionamenti fatti durante la produzione del video, li trascrivevo tutti nello stesso documento: quello che stai leggendo in questo momento. Queste pagine sono il frutto di quasi un anno di studio e registrazione di video.

Chattavo in gruppi telegram ed appena saltava fuori un problema, mi prendevo qualche minuto e creavo un contenuto. Quei video, e dunque questo libro, nascono con il desiderio di aiutare. Di semplificare. Mi sento appagato ogni volta che aiuto qualcuno. Questo libro nasce da quel desiderio. Spero di essere riuscito ad esaudirlo. E poi nasce anche dalla mia voglia di imparare. Spero di imparare anche da qualsiasi feedback dovesse arrivarmi. Positivo o negativo che sia.

La cosa "mi é sfuggita di mano". Mentre scrivo..., i video sono diventati 20. Io a React mi ci sto appassionando sempre di più. Ci sono sempre più cose che stanno finendo in queste pagine. A 22 mi sono reso conto che gli argomenti base sono stati quasi tutti affrontati ed in questo libro ho strizzato l'occhio anche a qualche argomento avanzato. Ad esempio usando componenti come un router oppure affrontando il tema della costruzione di custom hooks. 25 video su React, non so quanti su NextJs, ... l'insieme dei video attorno a questo libro per me è davvero impressionante. Non pensavo sarei arrivato fino a qui.

Ho cercato quanto più possibile di non saltare mai alcun passaggio. Tutto il codice che vedete é stato scritto di mio pugno. Ovviamente nasce da una documentazione o da un blog, ma per rimanere comprensibile, e vissuto almeno da me al 100%, ogni esempio è stato riscritto e reinventato per poterlo raccontare nel modo più personale che mi fosse possibile. Spero di aver centrato l'obiettivo.

Aspetti teorici

Nonostante sia importante apprendere strumenti come questa libreria, è ancora più importante conoscere le basi teoriche della programmazione. Ed altrettanto importante è conoscere le basi del linguaggio di programmazione che vuoi imparare ad usare. Soprattutto JavaScript, almeno per quel che riguarda il contenuto di questo libro. Passaggio necessario anche se qui si usa jsx e non javascript direttamente.

Alcuni aspetti della programmazione JavaScript vengono trattati anche in questo testo. Ma non essendo questo l'obiettivo, mi aspetto da parte tua un ulteriore studio. Eventualmente cercami sul canale telegram che se posso creare altri video per aiutare lo faccio più che volentieri. Oppure cercami su LinkedIn. Ovunque mi si trova come sensorario. In queste pagine viene introdotto un argomento che è complementare a tanti altri. Quindi HTML, CSS, JavaScript dovranno essere approfonditi dal lettore prima di aver letto queste pagine. Non sono conoscenze necessarie. Ma aiutano.

Nella parte finale del libro, dove viene realizzato un vero e proprio gioco, si usa anche PHP. PHP è il mio linguaggio preferito. Di questo linguaggio viene mostrato solo il progetto perché il focus vuole rimanere su React. Php e JavaScript sono solo strumenti. Sono solo linguaggi. Avremmo potuto avere un libro analogo con una parte in Go al posto di Php ed una parte in Flutter al posto di React. In ogni caso non preoccuparti. Tutto quello che è presente in ogni contenuto di questo testo, non ha bisogno di grandi contenuti esterni. Ma da per scontato solo che si conoscano le basi della programmazione web.

Dopo aver letto il libro

Dopo aver letto questo libro ti consiglio di approfondire tutti gli argomenti. E di non fermarti mai. Non fermarti a quello che ho scritto. Spero anzi che tu prenda ogni mio esempio e lo riscriva a modo tuo usando questo testo solo come traccia. Metti da parte il codice che vedi in queste pagine, fallo tuo e reinventa ogni esercizio.

Leggere serve a poco. Copiare ed incollare non basta. Estrarre la logica ed il ragionamento e' l'unica via per apprendere davvero una materia. Tutti gli esempi di questo libro sono nati così. E spero che vengano letti nello stesso modo. In poche parole, per come la vedo io, la tua esperienza diretta vale più di qualsiasi storia letta. Ho fatto anche la rima. Leggiti un capitolo, chiudi il libro e reinventa il contenuto da te.

Programmare, infine, significa non smettere mai di imparare. Oggi ho scelto di studiare React. In passato ho usato Angular. Mi è capitato di utilizzare Vue. Prima ancora c'era jQuery. Non ci si ferma mai.

Errori e Feedback

Per quanto mi sia sforzato di eliminarli tutti… in un libro di circa 350 pagine è facile che vi siano ancora degli errori. Se dovessi trovarne, oltre a chiederti sucsa ti invito anche a scrivermi qui: sensorario@gmail.com in modo che possa correggerli ed aggiornare il testo o il codice di questo libro. Lo rileggo periodicamente per scovare tutti gli errori e per migliorarne il contenuto. Spero di aver fatto un buon lavoro e che i miei sforzi siano di tuo gradimento.

<JavaScript />

Javascript

Se ti senti forte su JavaScript questo capitolo puoi anche saltarlo. Lo userai se e quando troverai qualche concetto che ti suona strano e che magari nel capitolo nel quale lo incontri, è dato per scontato. Questo nasce per diventare quasi un'appendice, da consultare quando qualche cosa non è chiara o per rinfrescare la memoria. In questa edizione sicuramente il contenuto sarà breve ma intenso. Do per scontato che potrebbe evolversi se ci saranno altre edizioni in futuro.

Template Literals

I template literals sono delimitati dal carattere "`" (backtick). Consentono di creare stringhe su più linee, consentono l'interpolazione di stringhe ed altro. Sono informalmente chiamati template strings.

alcuni esempi
`` `testo su una linea` ``
`` `testo su più linee`` `` questa linea è a capo` ``
`` `questa invece ${espressione} include una variabile` ``

Quando si usa il parametro *${espressione}*, l'espressione viene eseguita e poi viene composta la stringa.

<React />

Prerequisiti

Ho pensato che potesse esserti utile qualche indicazione su come si possano installare degli strumenti necessari per lavorare con React. Se utilizzi un Mac, parlo di brew. Mentre scrivevo questo libro ho iniziato a lavorare su Linux (in particolare Debian/Ubuntu e derivate), quindi troverai anche qualche indicazione inerente a questo sistema operativo. Quindi apt. Sarebbe utile avere installato PHP, in quanto più avanti verrà usato per creare più di un semplice server.

Installare brew (MacOS)

Brew è un gestore di pacchetti per MacOS. Se il tuo sistema operativo è MacOS allora puoi installare brew per poter gestire anche dipendenze di terze parti, come ad esempio npm o Yarn. Cosa è npm, e cosa è Yarn, lo vedrai in seguito.

Per installare brew la cosa migliore da fare è andare sul sito ufficiale, https://brew.sh/, e seguire da li le istruzioni. Evito di scrivere qui la procedura di installazione perché potrebbe cambiare nel tempo. Per questo ti suggerisco fare affidamento alla guida ufficiale che potete trovare nel link qui sopra. Quella sara sempre li ad aiutare chi ne avesse necessità.

Installare Node.js su Mac

Npm è un gestore di pacchetti e la sigla sta per Node Package Manager. Serve appunto per installare le dipendenze del software che stai creando. Oppure serve per installare node. Ricordati di lanciare brew update prima di installare node.

```
> Terminale
brew update
npm install node
```

installazione node

Installare Yarn su Mac

Yarn è un package manager per JavaScript e si propone come un'alternativa al più noto npm (Node Package Manager). Npm ha una serie di problemi noti, come ad esempio l'esplosione della dimensione della cartella node_modules. Yarn cerca di risolvere questo ed altri problemi cercando di essere un package manager più potente di npm.

A svilupparlo è stato Facebook e questo lo ha reso popolare nella comunità degli sviluppatori. Nonostante npm abbia una forte community anche quella che gravita attorno a Yarn è ben solida e pronta a dare supporto.

> Terminale
| ```
brew update
brew install yarn
``` |
| installazione Yarn |

Installare nvm su Mac

L'acronimo nvm sta per Node Version Manager. Serve per poter avere sulla propria macchina più versioni di Node e per scegliere quale dovrà essere eseguita. Ad esempio con nvm list puoi vedere le versioni installate sulla tua macchina. Se vuoi invece scegliere di utilizzarne una in particolare ti basterà lanciare nvm use <versione>. Ad esempio la versione 18 si installa con "nvm use 18".

Questo comando ci tornerà senza dubbio utile quando andremo ad installare Next.js che richiede una versione recente di Node e sulla nostra macchina potrebbe girare una versione non adeguata. Ma c'è un comando per vedere che versioni hai installate sulla tua macchina. Con questo vedi che cosa hai installato ed anche che cosa stai usando in questo momento.
```

> Terminale
`nvm list`
mostra l'elenco di tutte le versioni node installate

La macchina che sto usando per scrivere queste pagine è una macchina un po' datata. Infatti è installata addirittura una versione 4 di node, com puoi vedere dalla prossima immagine.

Installare pacchetti

Per installare un pacchetto devo digitare a riga di comando npm i <nome_pacchetto> (i è l'abbreviazione di install). Questo vale se il pacchetto che voglio installare serve alla nostra applicazione. Se invece lo voglio salvare a livello globale e renderlo disponibile su tutta la nostra macchina posso usare l'opzione -g:

> Terminale
`npm i -g <nome_pacchetto>`
installare un pacchetto con npm

Le librerie ed i pacchetti installati finiranno tutti dentro ad una cartella che si chiama node_modules. Ogni pacchetto può avere diverse versioni e la versione che viene installata viene salvata all'interno di un file che si chiama package.json.

Con Yarn la sintassi è simile. Al posto della parola chiave install si usa add. Ecco un esempio:

> Terminale
`yarn add <nome_pacchetto>`
installare un pacchetto con Yarn

Anche per Yarn vale la possibilità di installare un pacchetto globalmente utilizzando il parametro global o, abbreviato, -g.

npm ed npx

Adesso viene anche npx. Questo comando è disponibile dalla versione 8.2 di Node.js e serve per eseguire pacchetti npm temporanei o comandi binari senza la necessità di installarli globalmente. Gli strumenti npm ed npx sono necessari se si vuole lavorare in un contesto come quello di React.

Se hai un po' di familiarità con il mondo node e, per esempio con express, avrai certamente utilizzato express-generator. Seguendo la loro guida ufficiale, puoi usare express-generator in due modi:

```
npx express-generator nome_progetto
```

oppure

```
npm install -g express-generator
express
```

Queste informazioni ci servivano per passare allo step successivo, ovvero quello della creazione di una applicazione React. Creando applicazioni React, potremo usare npx per crearne di nuove ma anche npm quando avremo bisogno di installare librerie esterne. Nelle prime pagine del libro utilizzerai create-react-app ma verso la fine userai Vite, un progetto interessante e fenomenale per la creazione di applicazioni.

Installazione React

Nelle prossime pagine puoi trovare tutto il necessario per installare React. Quantomeno per creare una applicazione da zero, oppure per aggiungere React ad una pagina web esistente.

Overview

La spettacolarità di React risiede nel suo incredibile livello di astrazione chiamato virtual DOM, che offre una serie di vantaggi e possibilità nell'ambito dello sviluppo di applicazioni web. Con il virtual DOM, è possibile apprendere e padroneggiare un potente strumento che può poi essere applicato in diversi contesti di sviluppo. In queste pagine vedremo solamente quello web.

Che tu stia creando un'applicazione web complessa o sviluppando un'app mobile sofisticata, il virtual DOM di React ti permette di lavorare in modo più efficiente, garantendo prestazioni ottimali e una gestione semplificata degli aggiornamenti dell'interfaccia utente. Grazie a questa caratteristica, React si è guadagnato un ruolo di rilievo nella comunità di sviluppatori ed è diventato uno degli strumenti più apprezzati per la creazione di applicazioni moderne e scalabili.

Installare React vanilla

La creazione di una nuova applicazione con React è molto semplice e si può fare semplicemente con questo comando:

> Terminale
`npx create-react-app <nome applicazione>`
creazione applicazione React

In base alla connessione ci potrebbero volere pochi attimi o qualche minuto per far sì che una applicazione base di React venga effettivamente creata.

Questo è il modo tradizionale di creare una nuova applicazione con React. Il comando npx lo hai visto in uno dei capitoli precedenti. Nel prossimo vedremo qualche cosa che io definisco semplicemente magico: Vite.

Installazione con Vite

Vite è senza dubbio uno strumento eccezionale. Nel capitolo dove faccio qualche accenno al deploy ne parlo in modo più approfondito. Nel capitolo finale dove realizzo un progetto concreto (il gioco yahtzee), il codice React parte proprio da Vite. Per ora accontentati di sapere che per creare una nuova applicazione con Vite si fa così.

> Terminale
`npm create vite@latest`
creazione nuova app con vite

```
~ > npm create vite@latest
✓ Project name: … esempiazzo
✓ Select a framework: › React
? Select a variant: › - Use arrow-keys. Return to submit.
    TypeScript
    TypeScript + SWC
 ›  JavaScript
    JavaScript + SWC
```

Con Vite è anche possibile scegliere se tenere o meno il supporto a TypeScript. In tutti gli esempi che ho realizzato per questo libro e per i video ho sempre e solo utilizzato il supporto a TypeScript.

React & TypeScript

Se desideri il supporto a TypeScript (successivamente abbreviato a TS) cambia molto poco rispetto alla versione con il solo EcmaScript.

Una piccola parentesi sul tema TS. Completata l'introduzione a React mi sono reso conto che la maggior parte delle risorse che si trovano in rete riguardano solo TypeScript. Quindi consiglio di leggere tutta la prima parte, ma soprattutto di aspettarsi di passare a TS (nel libro) in un secondo momento.

Perché non passare subito a TS? Perché per come la vedo io bisogna sempre sapere che cosa succede sotto al cofano degli strumenti che si utilizzano. E poi TS è un superset di JavaScript. JavaScript deve essere conosciuto. Appoggiarsi ad uno strumento, TS, senza comprendere a sufficienza che cosa accade sotto, non ci fa sfruttare lo strumento a pieno. Ecco lo script:

> Terminale
`npx create-react-app <nome_applicazione> --template typescript`
creare applicazioni React con supporto a TypeScript

Se per caso ti dovesse spaventare l'idea di dover imparare TS, ho dedicato una parte centrale di questo libro proprio a questo argomento. Anche se per metà libro si parla solo di React, TS non è stato trascurato. Non è un testo su TS quindi mi sono limitato a descrivere le feature principali del linguaggio.

Supponiamo tu abbia deciso di seguire il consiglio che ti ho dato nel paragrafo precedente. E supponiamo che tu abbia anche scritto parecchio codice JavaScript nel frattempo. Bene. Sappi che puoi anche iniziare ad usare TypeScript da un momento all'altro. Per farlo devi usare questo comando.

> Terminale
`npm install --save typescript @types/node @types/react @types/react-dom @types/jest`
aggiungere TypeScript ad un progetto esistente

Installazione via CDN

CDN sta per *Content Delivery Network*. Si tratta di un server che fornisce contenuti per tutto il mondo memorizzando in cache dei file che possono essere richiesti molto spesso. Se volessimo installare React tramite una cdn potremmo usare questi tag script nella nostra pagina html:

---

index.html

```
<script crossorigin
src="https://unpkg.com/react@18/umd/react.development.js"
></script>
<script crossorigin
src="https://unpkg.com/react-dom@18/umd/react-dom.develop
ment.js"></script>
```

installazione React tramite cdn

In questo caso il codice JavaScript non è minificato. Significa che pesa troppo e non è adatto alla produzione. In produzione se vuoi rendere contenti gli utenti non devi farli aspettare. Ci sono studi che affermano che anche qualche decimo di secondo in più può far preferire un sito di un nostro competitor. Quindi fai attenzione e concentrati a realizzare applicazioni performanti.

> *La minificazione (o minimizzazione) è un processo che porta il codice sorgente ad essere ridotto ai minimi termini attraverso un algoritmo che riduce la dimensione senza alterarne il funzionamento.*

Per ridurre lo spazio di React, ... ne esiste una versione minificata che si può trovare a questi indirizzi:

---

index.html

```
<script crossorigin
src="https://unpkg.com/react@18/umd/react.production.min.
js"></script>
<script crossorigin
src="https://unpkg.com/react-dom@18/umd/react-dom.product
ion.min.js"></script>
```

installazione minificata di react tramite cdn

L'attributo "crossorigin" è un attributo HTML che viene utilizzato per gestire la politica di condivisione delle risorse tra domini diversi, principalmente quando si caricano risorse come immagini, script, fogli di stile o font da domini esterni.

Esempio di sito web dove è stato aggiunto React.

index.html

<pre><!DOCTYPE html>
<html lang="en">
 <head>
   <title>Document</title>
   <script crossorigin
src="https://unpkg.com/react@18/umd/react.development.js"></script>
   <script crossorigin
src="https://unpkg.com/react-dom@18/umd/react-dom.development.js"></script>
   <script
src="https://unpkg.com/babel-standalone@6/babel.min.js"></script>
 </head>
 <body>
   <h1>Titolo HTML </h1>
   <div id="root"></div>
   <script type="text/babel">
     const domContainer =
document.querySelector('#root')
     const root = ReactDOM.createRoot(domContainer)
     const e = React.createElement;
     root.render(e(Bottone))
     function Bottone() {
       return <button onClick={() =>
alert('funziona!!!')}>press me!</button>
     }
   </script>
 </body>
</html></pre>

in grassetto la parte che riguarda React

Hot Reloading Modules

Una volta creata l'applicazione, noterai che basterà modificare uno dei file per vedere che la stessa venga aggiornata nel browser. Molto comodo. Così comodo che ormai si vede in qualsiasi strumento o tecnologia lato client. Ad esempio si ritrova anche in Angular, Vue. Non solo, anche sviluppando con NextJs è possibile avere la stessa feature attiva mentre si sviluppa.

Caratteristiche

Adesso inizio a fare sul serio. Inizio a giocare con le basi della libreria e creo i primi componenti. Scopro la sintassi particolare del linguaggio che viene utilizzato (jsx) ed inizio a comporre le nostre prime pagine web.

Espressioni con Jsx

Ora ti mostro una sintassi particolare dove si vede chiaramente che con Jsx si possono incorporare delle vere e proprie espressioni. Nella fattispecie andremo ad incorporare una variabile all'interno di un componente.

src/App.js
``` const nome = 'Simone' const elemento = <div>Nome: {nome}</div> ```
incorporare variabili nel componente

La variabile "elemento" contiene '<div>Nome: Simone</div>' quando viene resa in html. Al posto di una variabile puoi metterci anche una funzione. Operatori logici. Puoi passare alla funzione un oggetto json e comporre un elemento che viene poi reso. Puoi fare un sacco di cose. Non solo: tra parentesi graffe puoi anche andare a mettere delle operazioni matematiche.

src/App.js
const numero = 42 const elemento = <div>Numero: {numero + 20}</div>
operazioni matematiche interpretate

Quando questo elemento viene renderizzato, a video appare "Numero 62". Per finire, ... puoi anche inserire espressioni molto complesse. Nel prossimo esempio addirittura un operatore ternario.

src/App.js
const numero = 42 const elemento = <div>Numero: { numero === 42 ? 'quarantadue' : 'altronumero' }</div>
operatore ternario

E se il contenuto è più complesso, ... puoi anche rendere un altro componente. Le possibilità che si hanno con React sono incredibili.

src/App.js
| ```
const numero = 42
const elemento = <div>Numero: { numero === 42 ? <Uno /> :
<Due />}</div>
``` |
| operatore ternario |
```

Libreria o Framework

Un framework e una libreria sono concetti correlati ma distinti nello sviluppo software. In modo molto semplicistico, un framework può essere considerato come un sistema composto da varie librerie che lavorano insieme per fornire un ambiente di sviluppo strutturato e predefinito. Un framework offre una struttura, una metodologia e spesso un set di strumenti per facilitare lo sviluppo di un'applicazione.

D'altra parte, una libreria è un insieme di funzioni, classi o componenti riutilizzabili che possono essere utilizzati da un'applicazione per svolgere compiti specifici. Una libreria svolge un compito specifico e fornisce funzionalità che possono essere richiamate e utilizzate all'interno del codice dell'applicazione.

> *A differenza di un framework, una libreria non definisce un flusso di lavoro completo o una struttura predefinita per lo sviluppo dell'applicazione.*

Parlando di React, nella home page del progetto, si può leggere "Una libreria Javascript per creare un'interfaccia utente". Quindi, secondo la definizione fornita dagli sviluppatori di React stessi, React viene considerato una libreria. Mentre un framework spesso richiede l'adozione completa del suo flusso di lavoro e fornisce un'ampia gamma di funzionalità per lo sviluppo dell'applicazione, React si concentra principalmente sulla gestione dell'interfaccia utente e offre una libreria di componenti riutilizzabili per costruire interfacce utente reattive e dinamiche.

Dentro un'app

Dentro ad una applicazione appena creata con, ...

> Terminale
```npx create-react-app esempio-client --template typescript```
creazione di un'app react con supporto a TypeScript

ti ritrovi con qualche file nella root e tre cartelle. Ora devi subito andare a vedere che cosa contengono. Il comando qui sopra richiede un po' di tempo, ma non un'esagerazione. Basta aspettare qualche secondo e puoi partire.

> La stessa esperienza con Vite è decisamente più piacevole. Ci impiega meno tempo. E' più interattiva. Il tempo di attesa qui invece è noiosamente lungo a confronto.

I file sono un README.md, all'interno del quale si possono trovare delle indicazioni su come lanciare il programma, per esempio. Poi hai un .gitignore. Questo e' un file che per lo scopo di queste pagine non è importante e puoi ignorarlo. Qualche altro file di cui ha bisogno npm. In questo caso anche tsconfig.json perché hai attivato il supporto a TypeScript.

Le cartelle sono **node_modules**, **public** ed **src**. La prima, node_modules, contiene tutti i moduli, pacchetti e librerie esterne. React e' una di queste. La cartella public contiene favicon, pagina html, manifest e robots.txt Questo testo è orientato su React. Non vedremo quindi altro riguardo questi file in questo capitolo. Ultima ma non meno importante, c'è la cartella src che contiene il nostro bel codice. In particolare guarda il file src/App.js che conterrà più o meno un codice come questo:

src/App.js

```
import logo from './logo.svg';
import './App.css';

function App() {
 return (
    <div className="App">
      <header className="App-header">
        <img src={logo} className="App-logo" alt="logo" />
        <p>
          Edit <code>src/App.js</code> and save to reload.
        </p>
        <a
          className="App-link"
          href="https://reactjs.org"
          target="_blank"
          rel="noopener noreferrer"
        >
          Learn React
        </a>
      </header>
    </div>
 );
}

export default App;
```

Dimenticavo: c'è anche un file main.js che è il file root. Quello dal quale parte tutta la nostra applicazione. Personalmente ho avuto poco a che fare con questo file: la maggior parte delle operazioni che si vedono in queste pagine infatti gira tutta attorno al file App.tsx. I file, vedremo, possono avere anche estensione diversa: tsx, js, jsx. Come puoi intuire, a seconda dell'estensione puoi usare JavaScript piuttosto che TypeScript. Questo è fondamentale quando passeremo a NextJs dove vedremo quanto sia impossibile avere un Client Component con estensione tsx.

appunti sulla libreria, il linguaggio ed il framework full stack

Functional components

Un componente può essere creato in modi diversi. Se ad esempio desiderassi creare un componente <Componente /> ti basterà creare una funzione in questo modo:

---

src/Componente.js

```
function Componente () {
  return <div className="componente">Il mio
componente</div>
}
```

un componente creato nel proprio file

Ora puoi utilizzarlo nella tua applicazione, ovvero all'interno di src/App.js. Si noti che nel primo caso il componente è stato pensato in un file con lo stesso nome mentre in questo secondo caso il functional component si trova nello stesso file. Nel primo caso sarebbe necessario importare il file che contiene il componente, esattamente come viene importato ./App.css.

---

src/App.js

```
import logo from './logo.svg';
import './App.css';

function Componente {
  return <div className="componente">Il mio
componente</div>
}

function App() {
 return (
   <div className="App">
     <header className="App-header">
       <img src={logo} className="App-logo" alt="logo" />
        <Componente />
     </header>
   </div>
 );
}
```

```
export default App;
```

un'applicazione con un componente

Il risultato sara' pressapoco questo:

src/App.js

```
  <div className="App">
    <header className="App-header">
      <img src={logo} className="App-logo" alt="logo" />
       <div className="componente">Il mio
componente</div>
     </header>
   </div>
```

simulazione del risultato finale

Hai appena visto come creare ed usare un componente. Puoi farlo nello stesso file di <App /> oppure in un file separato importandolo. Non è il solo modo di fare le cose, ora vedremo come farne una molto simile con un class component. Quello che hai appena visto è un functional component.

> *Recentemente si usano soprattutto i functional component. Va da sé che non tutto può essere scritto in questo modo. Ad esempio la gestione degli errori avviene tramite i class component. Entrambe le sintassi, quindi, sono consentite.*

Conversione in ES6

In precedenza hai visto un componente utilizzando una funzione. Se devo essere sincero preferisco un'altra modalità di creazione di componenti: utilizzando per esempio ES6 ma soprattutto separando i componenti e mettendoli in file separati.

Tenere ogni componente in un file separato ci permette di avere a che fare con file piccoli. Ogni componente sarà, in teoria, ben gestibile e controllabile. Facile da leggere. Veloce da manutenere. La difficoltà potrebbe essere quella di trovare il nome giusto. Infatti quando inizieranno a proliferare tanti file, sarà opportuno decidere una struttura delle cartelle che ci permetta di trovare il componente giusto al volo e senza dover cercare come dei matti la sua posizione.

> *Vedrai che in alcuni casi il componente padre può passare al componente figlio una funzione. All'interno del componente non è chiaro che cosa possa essere stato mandato dall'esterno. Dall'esterno non è facile capire che nomi di proprietà o funzioni sono state passate. Bisogna allenarsi a leggere il codice e questo potrebbe ragionevolmente spingerci a creare piccoli componenti.*

Il componente che utilizza la sintassi ES6 dovrebbe somigliare più o meno ad una cosa del genere:

src/Componente.js

```
import React from "react"

class Componente extends React.Component {
  render() {
    return <div className="componente">Il mio
componente</div>
  }
}

exports default Componente
```

Tornando sul punto riguardante il tenere il codice separato su più file, ... ti dico anche che in questo modo avremo tutto il contesto del componente davanti a noi senza "rumore" dovuto ad altre informazioni, di altri file o di altri componenti.

Le props

Hai visto che un componente come <Componente /> può diventare codice html come questo:

src/Componente.js
`<div className="componente">Il mio componente</div>`
il codice componente renderizzato

Si tratta di un utilizzo un poco riduttivo, certo. Avrebbe più senso poter personalizzare quanto meno il contenuto della parte testuale. React ci mette a disposizione le props. Le proprietà possono essere passate dal componente padre, in questo caso <App />, al componente figlio, ovvero <Componente />.

Supponi di voler rendere il testo configurabile tramite una proprietà del componente. Dovremmo fare, allora, qualche piccola modifica. Le cose da fare sono almeno un paio. Per esempio nel componente potremmo richiamare la proprietà testo.

src/Componente.js
`<div className="componente">{this.props.testo}</div>`
il componente usa delle proprietà passate dal componente padre

La stessa proprietà potrà essere passata dal componente padre in questo modo.

src/Componente.js
`<Componente testo="Contenuto del testo">`
il componente visto dal file App

In questo esempio viene passata una stringa, ma è possibile anche passare un oggetto json o una funzione tramite useCallback (lo vedremo più avanti quando sarà il momento di parlare degli hook). Puoi quindi elaborare delle informazioni nel componente padre e passare un oggetto elaborato al componente figlio. Il componente figlio dovrà limitarsi a mostrare un dato.

Modificare le props

Quando ho affrontato per la prima volta il problema delle props, non erano modificabili. Rileggendo i contenuti del libro prima di pubblicarlo ho scoperto che invece ora lo sono eccome.

Ecco il codice che ho utilizzato per provare questo fatto.

src/App.tsx
```import { useState } from 'react'```

```
import reactLogo from './assets/react.svg'
import viteLogo from '/vite.svg'
import './App.css'

function Foo({ ...props }) {
    props.foo = 42;
    return <>updated: {props.foo}</>
}

function App() {
    const original = 'original'
    return (
        <>
            Passo {original}<br />
            <Foo foo={original} />
        </>
    )
}

export default App
```

le props sono modificabili

Un json nelle prop

Oltre a del semplice testo, come visto nel capitolo precedente, è possibile passare anche un dato più complesso, come un oggetto. Questo oggetto può essere creato e configurato dentro al componente anche, per esempio, facendo chiamate http a delle api esterne. La sintassi potrebbe essere la seguente:

src/App.js

```
function App() {
 const oggetto = { foo: 'bar', fizz: 'buzz' }
 return (
   <div className="App">
     <header className="App-header">
       <img src={logo} className="App-logo" alt="logo" />
        <Componente oggetto={oggetto} />
     </header>
   </div>
 );
}
```

In modo abbastanza intuitivo l'oggetto sarà passato come una normale props, ma si potrà accedere ad una delle, proprietà o ad una parte, senza dover aggiungere una nuova proprietà da passare. Ti basterà infatti cambiare l'oggetto per poter avere nel componente tutti gli elementi che desideri.

---

src/Componente.js

```
function Componente({ oggetto }) {
    return <button>Autore: {oggetto.name}</button>
}

export default Componente;
```

Aggiornamento dello stato

Prova, ora, a pensare ad una applicazione di esempio. Questa applicazione potrebbe avere un componente composto da un solo bottone. Premendo il bottone verrà incrementato un contatore. Il contatore sarà memorizzato e modificato nello stato. Il valore di partenza del contatore verrà passato dal componente padre nella forma di props. Riducendo il codice all'osso avremo prima di tutto un foglio di stile molto semplice:

```
src/App.css

.App {
    text-align: center;
}

.App-header {
    background-color: #282c34;
    min-height: 100vh;
    display: flex;
    flex-direction: column;
    align-items: center;
    justify-content: center;
    font-size: calc(10px + 2vmin);
    color: white;
}
```

Successivamente avremo una applicazione molto ma molto ridotta. Infatti sarà presente il solo bottone.

```
src/App.js

import './App.css';
import Counter from './Counter';

function App() {
  return (
    <div className="App">
      <header className="App-header">
        <Counter />
      </header>
    </div>
```

```
    );
}

export default App;
```

Ultimo ma non meno importante, anzi, forse il più importante, il componente <Counter />. Questo componente ha un costruttore che definisce lo stato. In questo caso nello stato hai definito il numero di click parte da zero, .. ma se volessi far partire, per non so quale ragione, il contatore da un altro numero, ... potresti inizializzarlo tramite le props. Sempre nel costruttore hai il bind di un metodo chiamato incNumber che viene poi definito successivamente. Puoi notare che questo metodo incrementa la variabile dello stato di uno e non fa altro. Il metodo render, invece, disegna il bottone e fa sì che venga richiamato il metodo incNumber. Inoltre, .. sul bottone verrà scritto "click number N" dove al posto di N apparirà il numero di volte che si è cliccato sul bottone.

src/Counter.js

```
import React from "react"

class Counter extends React.Component {

    constructor(props) {
        super(props)
        this.state = {
            numberOfClicks: 0
        }
        this.incNumber = this.incNumber.bind(this)
    }

    incNumber() {
        this.setState({
            numberOfClicks: this.state.numberOfClicks + 1
        })
    }

    render() {
        return <div className="counter">
            <button onClick={this.incNumber}>click number
{this.state.numberOfClicks}</button>
        </div>
    }
```

```
}

export default Counter
```

Avrai notato che dentro al costruttore viene richiamato il metodo super. Questo fa sì che prima di tutto venga richiamato il costruttore della classe padre.

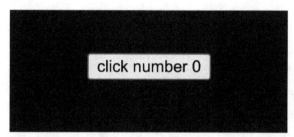

Avrai notato l'uso della parola chiave super() nel costruttore della classe per richiamare il costruttore della classe genitore. Questo è noto come "chiamata al costruttore genitore" o "super chiamata". Quando una classe eredita da un'altra in ES6, è necessario chiamare super() all'interno del costruttore della classe figlia prima di accedere o utilizzare "this". La chiamata garantisce che il costruttore della classe genitore venga eseguito prima di eseguire il codice nel costruttore della classe figlia.

```
class ClasseGenitore {
  constructor() {
    // Codice di inizializzazione della classe genitore
  }
}

class ClasseFiglia extends ClasseGenitore {
  constructor() {
    super(); // Chiamata al costruttore della classe
genitore
    // Codice di inizializzazione della classe figlia
  }
}
```

In conclusione, la chiamata a "super()" nel costruttore di una classe figlia in ES6 è necessaria per garantire una corretta inizializzazione dell'oggetto derivato e l'ereditarietà delle proprietà e dei metodi della classe genitore.

Lifecycle methods

Questa parte riguarda un vecchio modo di scrivere react. Nella vita non esistono solo progetti nuovi, ma esistono anche progetti legacy quindi ho ritenuto opportuno mantenerla per non limitarmi a raccontare le cose più recenti di React. La fuori potreste incontrare questa sintassi particolare e non sapere dove mettere le mani.

Ogni componente React ha un ciclo di vita e ci mette a disposizione una serie di metodi che vengono richiamati ogni qual volta si verifica un determinato evento durante il ciclo di vita di un componente. Che si tratti della costruzione (*mounting*), della distruzione (*unmounting*) o dell'aggiornamento del componente, i metodi sono diversi e consentono di realizzare cose diverse.

Successivamente vedremo come con gli Hooks sia stato possibile evitare, in molti casi, di dover convertire un functional component in una classe. Ma gli hooks sono stati introdotti a partire dalla versione 16.8 della libreria. Nelle versioni meno recenti non erano presenti e vale la pena conoscerne la sintassi per essere in grado di mettere le mani anche in progetti non troppo giovani.

src/Counter.js

```
import React from "react"

class Counter extends React.Component {
    constructor(props) {
        super(props)
        this.state = {
            numberOfClicks: 0
        }
        this.incNumber = this.incNumber.bind(this)
    }

    getInitialState() {
        // chiamato ancora prima che il componente venga
caricato
        // nel DOM
    }
```

```
    componentDidMount() {
        // viene chiamato quando il componente e' stato
montato
    }

    componentDidUpdate() {
        // viene chiamato subito dopo un aggiornamento
    }

    incNumber() {
        this.setState({
            numberOfClicks: this.state.numberOfClicks + 1
        })
    }

    render() {
        return <div className="counter">
            <button onClick={this.incNumber}>click number
{this.state.numberOfClicks}</button>
        </div>
    }
}

export default Counter
```

Questo modo di programmare è comunque stato soppiantato dagli Hooks. Si tratta di un argomento ed una feature così particolari che ho pensato di concludere questa prima parte qui. Quindi di dedicare una seconda parte interamente agli Hooks.

Più avanti nel libro utilizzerò un altro metodo che fa parte del lifecycle di un componente React. In particolare utilizzerò il metodo componentDidCatch per implementare il concetto di contenitore di errori. In particolare creerò un componente <ErrorBoundary />.

Fragment

Overview

In questo capitolo ti parlo dei fragment. Uno strumento che serve per fare un po' di pulizia nel DOM anche quando si decide di spezzare in più componenti la struttura delle nostre applicazioni. L'argomento è così semplice che penso la relativa pagina di documentazione sia forse la più piccola di React.

Un div di troppo

Inizia dal solito documento React vuoto.

src/App.js

```
import './App.css';

function App() {
 return (
   <div className="App">
```

```
      <header className="App-header">
        <h1>Fragment</h1>
      </header>
    </div >
  );
}

export default App;
```

Lo scenario adatto per parlare dei fragment è quello in cui un tag contenitore ha diversi figli. Per qualche ragione potrebbe essere più pulito metterli in un componente separato. Pensa per esempio alle colonne di una tabella. Tante colonne possono essere messe in un componente a parte. In questo esempio ho aggiunto qualche stile in più sperando di dare più senso all'intero capitolo. Immagina di avere un contenitore e tre elementi figli.

```
src/App.js

import React from 'react';
import './App.css';

function App() {
 return (
    <div className="App">
      <header className="App-header">
        <h1>Fragment</h1>
        <div className='contenitore'>
          <div className='filgio'></div>
          <div className='filgio'></div>
          <div className='filgio'></div>
        </div>
      </header>
    </div >
  );
}

export default App;
```

Pensa a quello scenario in cui rendi opportuno mettere quegli elementi in un altro componente. L'esempio non è il massimo ma spero che aiuti a rendere l'idea. Il codice risultate dovrebbe somigliare più o meno al seguente:

```
src/App.js

import './App.css';

function App() {
 return (
    <div className="App">
      <header className="App-header">
        <h1>Fragment</h1>
        <div className='contenitore'>
          <UnAltroComponente />
        </div>
      </header>
    </div >
 );
}

function UnAltroComponente() {
 return (
    <div className'div-di-troppo'>
      <div className='filgio'></div>
      <div className='filgio'></div>
      <div className='filgio'></div>
    </div>
 )
}

export default App;
```

Dove sta il problema? Il problema sta nel fatto che in React un componente deve avere un elemento root. Questo però ci porterà ad avere degli elementi HTML non desiderati come in questo caso.

```
src/App.js

    <div className="App">
      <header className="App-header">
        <h1>Fragment</h1>
        <div className='contenitore'>
          <div className='div-di-troppo'>
            <div className='filgio'></div>
            <div className='filgio'></div>
            <div className='filgio'></div>
          </div>
```

```
        </div>
      </header>
    </div >
```

React mette a disposizione un componente speciale che si chiama <React.Fragment />.

src/App.js

```
import React from 'react';
import './App.css';

function App() {
 return (
   <div className="App">
     <header className="App-header">
       <h1>Fragment</h1>
       <div className='contenitore'>
         <UnAltroComponente />
       </div>
     </header>
   </div >
 );
}

function UnAltroComponente() {
 return (
   <React.Fragment>
     <div className='filgio'></div>
     <div className='filgio'></div>
     <div className='filgio'></div>
   </React.Fragment>
 )
}

export default App;
```

Questo componente speciale non viene renderizzato consentendoci di avere un html generato molto più pulito:

src/App.js

```
<div className="App">
  <header className="App-header">
    <h1>Fragment</h1>
    <div className='contenitore'>
        <div className='filgio'></div>
        <div className='filgio'></div>
        <div className='filgio'></div>
    </div>
  </header>
</div >
```

Infine esiste anche una short syntax.

```
src/App.js

...

function UnAltroComponente() {
 return (
   <>
     <div className='filgio'></div>
     <div className='filgio'></div>
     <div className='filgio'></div>
   </>
 )
}

...
```

Un campo

Nell'esempio qui sotto puoi vedere che se la variabile "valore" è uguale a true, allora deve essere mostrato "`<input type="radio" />` label". Ma questi sono due elementi e ce ne vuole uno che li contenga. Da qui viene la necessità di usare questa sintassi: "`<><input type="radio" />` `label</>`".

```
./src/App.tsx
```

```
{ valore == true ? <><input type="radio" /> label</> : ''
}
```

un esempio di uso di fragment

Conditional Routing

Questo non è il solo metodo di gestire le diverse pagine o contenuti di una applicazione sviluppata con React. Forse non è nemmeno il più consigliato. Se l'ho scelto è solo perché non richiede alcuna installazione di componenti.

Alla base di questa idea ci sta uno state hook con il quale puoi gestire lo stato dell'applicazione, o meglio, il riferimento della pagina che stai visualizzando in un dato momento. Avrai quindi un componente diverso per ogni diversa pagina. Per semplicità qui sono semplicissimi componenti, ma potrebbero tranquillamente contenere interi layout, colonne, contenuti di varia forma e così via, form, ...

```
src/App.js

function Home() {
 return <h2>Home</h2>
}

function Contatti() {
 return <h2>Contatti</h2>
```

```
}
```

i due componenti che gestirai tra poco

Questi componenti verranno caricati sulla base di una variabile di stato che viene inizializzata con useState. Quindi al cambio dello stato del componente, avrai anche un cambio di pagina. Oppure, il contenuto della pagina assumerà un valore diverso a seconda del valore della pagina corrente.

src/App.js

```
const [currentPage, setCurrentPage] = useState('home')
let pageContent
if (currentPage === 'home') pageContent = <Home />
if (currentPage === 'contatti') pageContent = <Contatti
/>
```

Ogni pagina può quindi essere un componente a sé stante. Questo componente verrà reso solo quando la pagina corrente verrà modificata. Ecco il codice per intero del routing condizionale.

src/App.js

```
import { useState } from 'react';
import './App.css';

function Home() {
 return <h2>Home</h2>
}

function Contatti() {
 return <h2>Contatti</h2>
}

function App() {
 const [currentPage, setCurrentPage] = useState('home')
 let pageContent
 if (currentPage === 'home') pageContent = <Home />
 if (currentPage === 'contatti') pageContent = <Contatti
/>
```

```
return (
  <div className="App">
    <header className="App-header">
      <h1>Routing</h1>
      <ul>
        <li>
          <button
              onClick={() => setCurrentPage('home')}
            >home</button>
        </li>
        <li>
          <button
              onClick={() =>
setCurrentPage('contatti')}
            >home</button>
        </li>
      </ul>
      {pageContent}
    </header>
  </div >
);
}

export default App;
```

Ho usato un pattern simile per mostrare o meno dei messaggi all'utente quando ho creato il codice React per il progetto che trovi a fine libro. Qui, viene rimpiazzata un'intera pagina, ma puoi benissimo avere sparsi nel codice situazioni come questa:

./src-App.tsx
`{ variabile ? <>renderizza questo</> : <>renderizza invece questo</> }`
lo stesso pattern del conditional routing

In questo caso non stai valutando un intero documento ma solo una sua piccola parte. Anche qui puoi avere componenti.

Suspense

In questo paragrafo parti dal presupposto di avere un componente molto costoso in termini di elaborazione. Un componente che si carica lentamente e che quindi altrettanto lentamente si rende disponibile. Immagina anche di avere tanti componenti "pigri" sparpagliati per la pagina. Componenti che potrebbero sembrare come questo:

src/Pigrone.js

<pre>export default function Pigrone () {
    return (
        <div>Sono pigro</div>
)
}</pre>

un componente pigro

Chiedo scusa per il nome ma il punto è che potresti avere un componente con molte elaborazioni. Magari che richiede anche di caricare dei dati da delle api prima di essere reso. Che cosa fai? Lasci il caricamento della pagina li ad annoiare chi naviga nella tua applicazione web? Spero di no.

Di base dovremmo avere una applicazione simile alla quella del prossimo blocco di codice. Il componente <Pigrone /> verrebbe reso insieme a tutto il resto facendo attendere chi naviga la nostra applicazione.

---

src/App.js

```
import './App.css';
import Pigrone from './Pigrone'

function App() {
 return (
   <div className="App">
     <header className="App-header">
       <h1>React lazy</h1>
       <Pigrone />
     </header>
   </div >
 );
}

export default App;
```

Ma React ci mette a disposizione uno strumento che ci permette di caricare il nostro documento senza aspettare che tutti i componenti siano effettivamente stati caricati. Quindi ci permette di caricare la pagina in modo asincrono. Questo nostro amico si chiama lazy.

---

src/App.js

```
import React, { lazy } from 'react';

const Pigrone = lazy(() => import('./Pigrone'))
```

Ma da solo non funziona. Ha bisogno anche di un altro componente che si chiama <Suspance />. Suspance, inoltre, ti permette di indicare un certo contenuto mentre sei in attesa che il componente pigrone sia stato caricato. Devi mettere dentro all'attributo fallback quello che vuoi che venga visualizzato quando il componente <Pigrone /> non è ancora stato caricato.

src/App.js

```
import React, { Suspense, lazy } from 'react';
import './App.css';

const Pigrone = lazy(() => import('./Pigrone'))

function App() {
 return (
   <div className="App">
     <header className="App-header">
       <h1>React lazy</h1>
       <Suspense fallback={<div>loading ...</div>}>
         <Pigrone />
       </Suspense>
     </header>
   </div >
 );
}

export default App;
```

Error Boundary

Adesso ti parlo di contenitori di errori. Non sono componenti react, o meglio, non sono componenti built-in. Sono un approccio che ci consente di creare dei contenitori di componenti che possono potenzialmente scatenare un'eccezione e dunque rompere la pagina.

Tieni bene a mente che questo approccio lo scoprirai nella parte react dedicata alla gestione degli errori di Next.js. React Error Boundary viene infatti utilizzato dal framework fullstack ed in modo completamente trasparente per lo sviluppatore. Ma conoscerne meccansm e' fondamentale per sapere che cosa succede sotto al cofano.

Parti come sempre da una applicazione React appena creata. Unica eccezione un elemento h1 che utilizzo per mostrare al volo di che cosa si sta parlando.

---

src/App.js

```
import './App.css';
```

```
function App() {
  return (
    <div className="App">
      <header className="App-header">
        <h1>ErrorBoundary</h1>
      </header>
    </div >
  );
}

export default App;
```

Vai subito a creare un componente <ErrorBoundary />. Torna per un momento, ma solo per un momento, al caro vecchio ciclo di vita dei componenti o component lifecycle. Come del resto avevo anticipato qualche esempio fa, questo componente utilizza il metodo "componentDidCatch". Se si verifica un'eccezione o un errore, verrà richiamato questo metodo.

```
src/ErrorBoundary.js

import React from "react"

class ErrorBoundary extends React.Component {

    constructor(props) {
        super(props)
        this.state = { error: null, errorInfo: null }
    }

    componentDidCatch(error, errorInfo) {
        this.setState({ error: error, errorInfo: erroInfo
})
    }

    render() {
        if (this.state.errorInfo != null) {
            return (
                <div>
                    <h2>Something went wrong</h2>
                    <div class="message">{this.state.error
&& this.state.error.toString()}</div>
```

```
                            <div
class="message">{this.state.errorInfo.componentStack}</di
v>
                </div>
            )
        }

        return this.props.children
    }

}

export default ErrorBoundary
```

Nel suo metodo render, questo componente fa due cose. O passa la palla al figlio, o ai fili, o renderizza un componente che mostra un errore con quanto e' successo. E ti mostro anche un esempio di componente.

src/BuggyComponent.js

```
import React from "react"

class BuggyComponent extends React.Component {

    constructor(props) {
        super(props)
        this.handleClick = this.handleClick.bind(this)
        this.state = { error: false }
    }

    handleClick() {
        this.setState({ error: true })
    }

    render() {
        if (this.state.error === true) {
            throw new Error('Oops! Something went wrong')
        }

        return <button onClick={this.handleClick}>THROW
EXCEPTION</button >
    }

}
```

```
export default BuggyComponent
```

E monta il tutto così:

src/App.js
```
import './App.css';
import BuggyComponent from './BuggyComponent';
import ErrorBoundary from './ErrorBoundary';

function App() {
 return (
   <div className="App">
     <header className="App-header">
       <h1>ErrorBoundary</h1>
       <ErrorBoundary>
         <BuggyComponent />
       </ErrorBoundary>
     </header>
   </div >
 );
}

export default App;
```

Se vuoi, ... questo esempio è il modo semplicistico. Non esiste un applicazione reale dove alla pressione di un bottone si scatena un'eccezione. Ovviamente l'attenzione qui deve ricadere sull'ErrorBoundary e sul fatto che l'errore verrà gestito e non subìto. Non so se tu che stai leggendo hai mai fatto uso di try/catch per gestire gli errori. Dal mio punto di vista ci trovi davanti ad un pattern.

Un utilizzo più vicino ad un contesto reale potrebbe essere quello in cui un componente viene creato per mostrare il contenuto di un API Rest. Se per qualche ragione l'api dovesse dare un risultato inaspettato il componente potrebbe lanciare un'eccezione. Il componente padre, <ErrorBoundary />, potrebbe mostrare un contenuto più gradevole di una pagina di errore.

Un altro esempio che mi viene in mente è quello di una calcolatrice. Là dove per errore si dicesse usare come divisorio lo zero, si dovrebbe rompere la pagina. Con questo pattern avremmo sempre il controllo della situazione e potremmo mostrare un errore gestito.

Se sei un amante della sintassi usata per creare functional component, devi sapere che non tutte le feature di React oggi si possono scrivere in quel modo. Mentre scrivo non esiste ancora un modo per scrivere un <ErrorBoundary /> usando un functional component. Non c'è nulla di male nell'usare una sintassi EcmaScript qualche volta.

Built-in Hooks

Anni fa non c'erano e per me questa feature è stata una vera e propria rivoluzione. Avevo iniziato a guardarmi questa libreria molte versioni fa. Tutto era ancora abbastanza semplice. Nulla a che vedere con la versione moderna di React.

Gli hook non li troverai tutti quanti scritti in questo libro, ma ne troverai quanto basta per iniziare a divertirti seriamente con questa libreria. Questo in effetti vuole essere un manuale per avviare chi lo legge all'utilizzo di React. Molti esempi più complessi e design pattern sono ncessari per avere la padronanza di questo strumento.

Alcuni hook si assomigliano decisamente tanto… ma se li vedrai nel dettaglio scoprirai che ciascuno di essi ha una propria specializzazione e deve essre compresa a fondo per poter usare l'hook nel modo giusto e per il giusto scopo.

useState()

Overview

In questo capitolo affronto il tema dei form. L'esempio sarà triviale, ma conterrà quanto basta per capire la potenza di questa libreria, nella gestione di questo genere di elementi che fanno certamente parte di una applicazione web complessa: i form.

Quando vai a manipolare lo stato di un componente, sei in un contesto completamente indipendente dal resto dell'applicazione e dagli altri componenti. Questo è importante perché è un limite che in alcuni casi deve essere scavalcato. Avremo bisogno di andare oltre questo limite e quindi di apprendere come possa essere utile imparare a creare i propri custom hooks.

Inizio subito dal componente <App />. In questo componente ho lasciato il titolo "I form", ed ho inserito un componente che vado a sviluppare di seguito.

src/App.js

```
import './App.css';
import NostroForm from './NostroForm';

function App() {
 return (
   <div className="App">
     <header className="App-header">
       <h1>I form</h1>
       <NostroForm />
     </header>
   </div >
 );
}

export default App;
```

La prima cosa che vado a fare, è definire il mio componente che, con estrema fantasia, ho chiamato <NostroForm />. Aggiungo i primi elementi, come un input text che chiameremo "only_text". In questo esempio infatti interagirò con il form assicurandomi che questo campo contenga solo numeri.

src/NostroForm.js

```
import { useEffect, useState } from "react"

function NostroForm() {
 return (
   <div className="NostroForm">
     <form name="mario">
       <div className="field">
         <label for="only_text">Solo testo:</label>
         <input type="text" name="only_text"
id="only_text" />
       </div>
       <div className="field">
         <button type="submit">submit</button>
       </div>
     </form>
   </div >
 );
}

export default NostroForm;
```

A questo punto aggiungo una variabile di stato utilizzando l'hook useState. questo hook restituisce due valori. Il primo rppresenta il valore di una certa variabile mentre il secondo e' il metodo da richiamare per aggiornarla.

src/NostroForm.js

```
import { useEffect, useState } from "react"

function NostroForm() {
  const [onlyText, setText] = useState('')

  return (
    <div className="NostroForm">
      <form nome="mario">
        <div className="field">
          <label for="only_text">Solo testo:</label>
          <input onChange={e => setText(e.target.value)}
type="text" name="only_text" id="only_text"
value={onlyText} />
        </div>
        <div className="field">
          <label for="last_name">Cognome</label>
          <input type="text" name="last_name"
id="last_name" />
        </div>
        <div className="field">
          <button type="submit">submit</button>
        </div>
      </form>
    </div >
  );
}

export default NostroForm;
```

Ultimo ma non meno importante, viene aggiunto un hook effect che viene attivato ogni volta che la variabile di stato onlyText (ovvero il valore del nostro input) viene modificata. Alla modifica si attiva l'hook e tramite una espressione regolare si verifica che onlyText non contenga numeri. In caso contrario, il campo verrà azzerato.

```
src/NostroForm.js
```

```
import { useEffect, useState } from "react"

function NostroForm() {
 const [onlyText, setText] = useState('')

 useEffect(() => {
   if (/[0-9]/.test(onlyText)) {
     setText('')
   }
 }, [onlyText])

 return (
   <div className="NostroForm">
     <form nome="mario">
       <div className="field">
         <label for="only_text">Solo testo:</label>
         <input onChange={e => setText(e.target.value)}
type="text" name="only_text" id="only_text"
value={onlyText} />
       </div>
       <div className="field">
         <button type="submit">submit</button>
       </div>
     </form>
   </div >
 );
}

export default NostroForm;
```

Con questo pattern, ogni form HTML deve avere tante variabili di stato quanti sono i valori del form. E per ogni campo deve esserci un hook che verifica il rispetto di un certo pattern. Oppure si potrebbero anche creare componenti, del tutto simili, ciascuno con il proprio validatore ed il proprio input. In quel caso creare un form potrebbe significare mettere insieme componenti come <Name />, <Surname /> o anche <Text />. Fino ad arrivare a più dettagliati <CodiceFiscale />, <Email /> e così via. Magari anche più complessi come <Anagrafica /> oppure <Contatti />.

Nel capitolo degli hook vedremo un componente che ci permette di gestire il routing in modo molto più avanzato. Mentre nel capitolo dello state management verranno approfonditi alcuni aspetti della gestione dello stato tra piu componenti.

useReducer()

Overview

Si tratta di un hook React che aggiunge un reducer ad un componente. Vuole in ingresso una funzione reducer, lo stato iniziale ed infine una funzione per essere inizializzato. Quest'ultima è facoltativa. Per essere utilizzato va richiamato all'inizio del componente e permette di gestire il suo stato attraverso un reducer.

./src/App.tsx
const [state, dispatch] = useReducer(reducer, initialArg, init?);

Un esempio

Per raccontare come funziona questo hook creo una nuova applicazione usando vite. Ecco come si presenta il codice non appena viene creato. Normalmente tolgo tutto per poi svolgere un certo esercizio, in questo caso voglio sfruttare il codice gia pronto con il bottone conta il numero di volte che viene premuto.

./src/App.tsx

```
import { useState } from 'react'
import reactLogo from './assets/react.svg'
import viteLogo from '/vite.svg'
import './App.css'

function App() {
  const [count, setCount] = useState(0)
  return (
    <>
      <div>
        <a href="https://vitejs.dev" target="_blank">
          <img src={viteLogo} className="logo" alt="Vite
logo" />
        </a>
        <a href="https://react.dev" target="_blank">
          <img src={reactLogo} className="logo react"
alt="React logo" />
        </a>
      </div>
      <h1>Vite + React</h1>
      <div className="card">
        <button onClick={() => setCount((count) => count
+ 1)}>
          count is {count}
        </button>
        <p>
          Edit <code>src/App.tsx</code> and save to test
HMR
        </p>
      </div>
      <p className="read-the-docs">
        Click on the Vite and React logos to learn more
      </p>
    </>
  )
}

export default App
```

Il protagonista di questo capitolo è il bottone ed ora lo vado a mettere in componente separato.

./src/App.tsx

```
import { useState } from 'react'
import './App.css'

function App() {
  return (
    <BottoneCheConta></BottoneCheConta>
  )
}

function BottoneCheConta() {
  const [count, setCount] = useState(0)
  return (
    <div className="card">
      <button onClick={() => setCount((count) => count +
1)}>
        count is {count}
      </button>
    </div>
  )
}

export default App
```

Infine, ultimo passaggio, sposto tutta la gestione del bottone all'initerno della
funzione reducer di cui parlavo nel principio del capitolo.

```
import { useReducer, useState } from 'react'
import './App.css'

function App() {
  return (
    <BottoneCheConta></BottoneCheConta>
  )
}

const reducer = (state, action) => {
  if (action.type === 'increment') {
    return {
      count: state.count + 1
    }
```

```
  }
}

function BottoneCheConta() {
  const [state, dispatch] = useReducer(reducer, { count:
0 })
  return (
    <div className="card">
      <button onClick={() => dispatch({ type:
'increment' })}>
        count is {state.count}
      </button>
    </div>
  )
}

export default App
```

useContext()

Overview

Anche con questo hook è possibile tenere aggiornato lo stato in modo analogo a quello di uno State Hook. La sostanziale differenza tra i due è che nel caso di uno state hook gestisci lo stato a livello di componente, mentre con un context hook il contesto dove può essere visto un certo valore è tutto l'albero degli elementi del dom. Più o meno. Forse con un esempio me la cavo meglio.

Un esempio

Immagina di avere un css per colorare il testo con lo stile dark e con lo stile light. In un'applicazione vuota puoi aggiungere un paio di classi css come queste. I colori sono scelti a caso. Servono per distinguere nettamente un tema dall'altro.

```
src/UlteriorFiglio.css
```

```
.txt-dark {
 color: red;
}

.txt-light {
 color: yellow;
}
```

Il prossimo step, è quello di andare a creare un context in un file denominato ThemeContext.js. Il suo contenuto dovrebbe essere questo. Qui si vede per la prima volta createContext. Ti serve, come suggerisce il nome, per creare un nuovo contesto.

src/UlterioreFiglio.js

```
import { createContext } from "react";

export const ThemeContext = createContext(null)
```

Parte dall'elemento più in profondità del nostro albero html. Questo componente si chiama <UlterioreFiglio /> e mostra del semplice testo. Fondamentale è notare che viene applicata alla classe del div un valore che dipende dalla variabile theme. Questa la leggi dal contesto. Il contesto ci da la possibilità di vedere quel valore dall'elemento padre che contiene tutti, ... fino all'ultimo figlio.

src/UlterioreFiglio.js

```
import { useContext } from "react";
import { ThemeContext } from "./ThemeContext";

function UlterioreFiglio() {
    const theme = useContext(ThemeContext)
    const className = 'txt-' + theme
    return <div className={className}>
        UlterioreFiglio
    </div>
}

export default UlterioreFiglio;
```

Padre diretto di <UlterioreFiglio /> è il componente <ClickCounterButton />. Come per <UlterioreFiglio />, viene pescato il valore di theme da ThemeContext. Inoltre, usa <ThemeContext.Provider /> per wrappare anche <UlterioreFiglio />. A questo punto sai che <ClickCounterButton /> passa il valore di Theme tutti gli elementi figli, <UlterioreFiglio /> compreso.

---

src/ClickCounterButton.js

```
import { useContext, useState } from "react"
import { ThemeContext } from "./ThemeContext"
import UlterioreFiglio from "./UlterioreFiglio"

function ClickCounterButton() {
    const [contatore, incrementa] = useState(0)
    const theme = useContext(ThemeContext)
    const className = 'txt-' + theme
    return <div className={className}>
        <ThemeContext.Provider value="theme">
            <button onClick={() => incrementa(contatore +
1)}>{contatore} clicks</button>
            <UlterioreFiglio />
            ClickCounterButton
        </ThemeContext.Provider>
    </div>
}

export default ClickCounterButton
```

Infine guarda l'applicazione. Questa importa il <ThemeContext /> come gli altri componenti. Però il valore lo legge da state. Hai quindi App > ClickCounterButton > UlterioreFiglio. Ciascun componente si trova ad avere un elemento div con classe txt-dark o txt-light a seconda di che valore assume <ThemeContext />.

---

src/App.js

```
import { ThemeContext } from './ThemeContext';
import './App.css';
import ClickCounterButton from './ClickCounterButton';
import { useState } from 'react';
```

```
function App() {
  const [theme, setState] = useState('dark')
  return (
    <div className="App">
      <ThemeContext.Provider value={theme}>
        <header className="App-header">
          <h1>Context Hooks!</h1>
          <ClickCounterButton />
          <button onClick={() => setState(theme === 'dark'
? 'light' : 'dark')}>toggle theme</button>
        </header>
      </ThemeContext.Provider>
    </div>
  );
}

export default App;
```

Qui entra in gioco questo pezzetto di codice. Alla pressione del bottone "toggle me", lo stato viene invertito. Se dark diventerà light e viceversa.

src/App.js
`<button onClick={() => setState(theme === 'dark' ? 'light' : 'dark')}>toggle theme</button>`

Ebbene, cliccando sul bottone verrà aggiornato il valore di theme e quindi verranno applicati i fogli di stile css che ripropongo qui di seguito:

src/App.css
```.txt-dark {\n color: red;\n}\n\n.txt-light {\n color: yellow;\n}```

Il valore di theme viene impostato nel componente App e si propaga fino al componente <UltimoFiglio />

useRef()

Overview

Un ref Hook è molto simile ad uno state hook. La differenza sostanziale è che se si modifica uno state hook il componente viene renderizzato nuovamente mentre il ref hook ha la capacità di aggiornare il valore di una variabile senza che il componente venga reso nuovamente. Molto utile se qualche volta devi fare dei calcoli necessari ad altre componenti della pagina web che non sono react.

> Questo hook lo incontrerai anche poco più avanti quando si parlerà di useImperativeHandle(): un hook che in coppia con useRef consente di migliorare l'iterazione tra componenti padre e figlio.

Numerello

In questo esempio inizializza numerello a 42. Aggiungi un bottone che incrementa il suo valore al click. Il bottone ha una label che verra resa solo quando verrà costruito il dom per la prima volta. Al click sul bottone

numerello aumenterà, ma la scritta rimarrà sempre "Valore numerello: '42'",
mentre l'alert aumenterà sempre di una unità il numero stampato. 43, 44, ... e
così via.

---

src/Componente.js

```
import { useRef, useState } from "react";

function Componente() {
    const numerello = useRef(42)
    const [number, incNumber] = useState(3)
    return <div>
        <button onClick={incNumber(number + 1)}>Valore
numerello: '{number}'</button>
        <button onClick={() => {
            numerello.current++;
            alert(numerello.current)
        }}>Valore numerello:
'{numerello.current}'</button>
    </div>
}

export default Componente
```

useEffect()

Overview

Studiando react ho trovato questa come la più interessante delle feature della versione 18.

Esempio

Per prima cosa, .. dichiara l'effetto in questo modo:

src/App.js
`useEffect(() => { /** do something here */ })`

Un effetto vuole un parametro obbligatorio: una funzione. Inoltre vuole anche un parametro facoltativo: le dipendenze. Questa funzione verrà richiamata infinite volte se non mettiamo nulla come secondo parametro. Verrà richiamata solo una volta al caricamento della pagina se metteremo come secondo parametro il valore "[ ]". Verrà invece richiamata ad ogni suo cambio di valore se come secondo parametro passiamo una variabile creata con useState. Nell'esempio che segue, ... ogni volta che viene premuto il bottone, counter viene aggiornata ed automaticamente verrà richiamto l'effetto.

---

src/Video13.js

```
function Video13() {
    const [counter, setCounter] = useState(0)

    useEffect(() => {
        /** do something here */
    }, [counter])

    return <div>
        <button onClick={() => setCounter(counter +
1)}>press me {counter}</button>
    </div>
}
```

Cercando di immaginare un contesto reale, mi sono immaginato un componente che viene mostrato se e solo se riceve in ingresso una props a true. Il valore di questo props è passato dal componente padre come valore di una certa variabile di stato. Questa variabile di stato viene modificata se e solo se si verifica una certa condizione. Per semplicità la condizione qui è solo che il bottone sia stato premuto almeno tre volte.

---

src/Video13.js

```
import { useEffect, useState } from "react"

function Emphasys({ show }) {
    return show ? <em>emphasys</em> : null;
}

function Video13() {
    const [counter, setCounter] = useState(0)
    const [show, setVisibiliy] = useState(false)

    useEffect(() => {
        if (counter >= 3) {
            setVisibiliy(true)
        }
```

```
    }, [counter])

    return <div>
        <button onClick={() => setCounter(counter +
1)}>press me {counter}</button>
        <Emphasys show={show} />
    </div>
}

export default Video13
```

In mondo reale un componente potrebbe essere mostrato se e solo se l'utente si è autenticato correttamente. Se ha effettuato accesso ad una certa api. Se ha raggiungo un certo punteggio. Se, ...

I più attenti avranno notato che questo codice non ha realmente bisogno di un effetto per funzionare. Già all'interno dell'evento onClick potremmo richiamare setVisibility. L'esempio é però abbastanza semplice per focalizzarsi sulla sintassi di useEffect.

useMemo()

Overview

Nella documentazione React si consiglia di usare useMemo() al posto di useReduce() quando i calcoli da fare sono molto pesanti. Quindi ti porto subito a vedere chi è e che cosa fa questo hook.

Esempio

Un Memo Hook, è un hook che memorizza il valore di una funzione e ricalcola il valore solo quando alcuni dei suoi elementi dipendenti cambiano. Molto utile quando il calcolo è molto complesso e conviene non ripeterlo quando si deve renderizzare nuovamente la pagina.

Dichiariamo uno state hook che va a modificare una variabile list e definiamo anche il metoto con cui questa variabile verrà aggiornata. In questo esempio dichiariamo anche un memo hook con la funzione useMemo(). Se il contenuto di list non cambia, total non verrà ricalcolato. Al contrario verrà ricalcolato ogni volta che list cambierà di contenuto.

---

src/App.js

```
const [list, setList] = useState([1, 2, 3, 4, 5]);
const total = useMemo(() => {
    let sum = 0;
    for (let i = 0; i < list.length; i++) {
        sum += list[i];
    }
    return sum;
}, [list]);
```

Creeremo una funzione che aggiorna la lista di numeri in questo modo:

---

src/App.js

```
const updateList = () => {
    const newList = [...list, Math.floor(Math.random()
* 10) + 1];
    setList(newList);
};
```

Quindi un button che chiamerà questa funzione. Ogni volta che faremo click su questo bottone verrà chiamata la funzione updateList che aggiungerà un valore casuale alla variabile list. Variando list, verrà ricalcolato useMemo, che aggiornerà la variabile total ed un nuovo rendering del componente verrà lanciato.

---

src/App.js

```
<button onClick={updateList}>aggiorna lista
{list.join(',')}</button>
```

Ecco il codice completo.

---

src/Video14.js

```
import React, { useState, useMemo } from 'react';

function Video14() {
    const [list, setList] = useState([1, 2, 3, 4, 5]);
    const [num, incTotal] = useState(0);

    const total = useMemo(() => {
        console.log('list è stata aggiornata')
        let sum = 0;
        for (let i = 0; i < list.length; i++) {
            sum += list[i];
        }
        return sum;
    }, [list]);

    const updateList = () => {
        const newList = [...list, Math.floor(Math.random()
* 10) + 1];
        setList(newList);
    };

    return (
        <div>
            <p>La lista contiene {list.length}
elementi.</p>
            <p>Il totale degli elementi è: {total}</p>
            <button onClick={updateList}>aggiorna lista
{list.join(',')}</button>
            <button onClick={() => {
                console.log('incremento num')
                incTotal(num + 1)
            }}>aggiorna num: {num}</button>
        </div>
    );
}

export default Video14;
```

useCallback()

Overview

Apparentemente useCallback ha lo stesso comportamento di useMemo. Nel primo caso però abbiamo un hook adatto a memorizzare funzioni, mentre nel secondo caso abbiamo un hook che serve per memorizzare valori.

Esempio

Per dichiarare un callback hook possiamo usare la funzione useCallback() che vuole come parametro di ingresso una funzione.

src/App.js
| ```
const [count, setCount] = useState(0)

const incrementa = useCallback(() => {
   setCount(count + 1)
})
``` |
```

Ad ogni click sul bottone vedremo incrementare il valore di count e di conseguenza il numero che appare a fianco della label del bottone.

---

src/App.js

```
import { useCallback, useState } from 'react';
import './App.css';

function App() {
 const [count, setCount] = useState(0)

 const incrementa = useCallback(() => {
   setCount(count + 1)
 }, [])

 return (
   <div className="App">
     <header className="App-header">
       <h1>Callback Hooks</h1>
       <button onClick={incrementa}>Incrementa
{count}</button>
     </header>
   </div >
 );
}

export default App;
```

La cosa davvero interessante di questo hook è che ci permette di passare una funzione ad un componente figlio. Ad esempio, possiamo passare la funzione incrementa in questo modo:

---

src/App.js

<ComponenteFiglio incrementa={incrementa} />

Ed aggiungere al nostro progetto un componente che semplicemente usa una funzione passata nella props.

src/ComponenteFiglio.js

```
function ComponenteFiglio (props) {
 return (
   <div>
     <button onClick={props.incrementa}>Incrementa dal
figlio</button>
   </div>
 )
}
```

Ecco il codice completo.

src/App.js

```
import { useCallback, useState } from 'react';
import './App.css';

function ComponenteFiglio (props) {
 return (
   <div>
     <button onClick={props.incrementa}>Incrementa dal
figlio</button>
   </div>
 )
}

function App() {
 const [count, setCount] = useState(0)

 const incrementa = useCallback(() => {
   setCount(count + 1)
 })

 return (
   <div className="App">
     <header className="App-header">
       <h1>Callback Hooks</h1>
       <button onClick={incrementa}>Incrementa
{count}</button>
       <ComponenteFiglio incrementa={incrementa} />
     </header>
   </div >
 );
}
```

```
export default App;
```

useForm()

Overview

In verità questo genere di hook, o comunque questa tematica, è troppo complesso per lasciargli un solo paragrafo nel capitolo degli hooks, quindi più avanti ci sarà un capitolo intero dedicato a questa feature, ancora in Beta, di React nel momento in cui scrivo.

Esempio

In queste poche righe ci tengo a dire solo che si tratta di un componente in beta. Mentre scrivo non è quindi ancora stato rilasciato ufficialmente ma è possibile comunque usarlo.

Piccola nota a margine, … Quando ho iniziato a scrivere questi appunti, anche la stessa documentazione di React era in beta. É stata resa ufficiale da molto poco.

useId()

Overview

La cosa bella di un componente React è che possiamo prenderlo ed usarlo più volte nella stessa pagina. Ma qui si pone un problema. Se abbiamo a che fare con un input? Come facciamo ad assegnare un id che sia univoco in tutta la pagina? Una soluzione potrebbe essere quella di passare l'id tramite le props ogni volta che si disegna un componente. Però la trovo una soluzione decisamente poco elegante.

Esempio

E qui viene in aiuto useId(). Questo hook ha il compito di generare un id univoco e si usa in questo modo:

src/App.js
```const id = useId()```

Dopo aver generato un id univoco, possiamo usarlo per collegare elementi semanticamente vicini. Come ad esempio una label ed il relativo campo di input. Ecco un esempio per chiarire meglio di che si tratta. Partiamo dall'idea di quello che potrebbe essere un componente. Voglio immaginarmi un qualsiasi campo di un form. E metteremo in questo campo una label ed un campo di testo.

src/App.js

```
<div class="componente">
  <div class="colonna">
    <label for="campo_di_input">Il Campo</label>
  </div>
  <div class="colonna">
    <input name="campo_di_input" id="campo_di_input">
  </div>
</div>
```

Creiamo un componente fatto in questo modo. Ho pensato di utilizzare le props per passare l'id univoco e l'etichetta da mostrare nel campo. Non è la soluzione finale. Forse non è nemmeno una soluzione, ma ci serve per avere uno scenario plausibile prima di arrivare alla fine.

src/CompoNente.js

```
const CompoNente = props => {
 return <React.Fragment>
   <div className='componente'>
     <div className='colonna'>
       <label
for={props.uniqueId}>{props.etichetta}</label>
     </div>
     <div className='colonna'>
       <input name={props.uniqueId} id={props.uniqueId}
/>
     </div>
   </div>
 </React.Fragment>
}
```

Vediamo quindi come potrebbe apparire la nostra app.

```
import React, { useId } from 'react';
import './App.css';
import CompoNente from './CompoNente';

function App() {
 return (
   <div className="App">
     <header className="App-header">
       <h1>useId()</h1>
       <CompoNente uniqueId="input1" etichetta="Nina" />
       <CompoNente uniqueId="input2" etichetta="Pinta" />
       <CompoNente uniqueId="input3"
etichetta="Santamaria" />
     </header>
   </div >
 );
}

export default App;
```

React però ci offre molti hook per fare molte cose. Una di queste è la possibilità di gestire al posto nostro gli id univoci. Quindi rifattorizziamo un poco questo nostro componente. Qui introduciamo useId(). Così abbiamo un id univoco che possiamo usare un po' ovunque, ora, nel componente.

src/CompoNente.js

```
const CompoNente = props => {
 const uniqueId = useId()
 return <React.Fragment>
   <div className='componente'>
     <div className='colonna'>
       <label for={uniqueId}>{props.etichetta}</label>
     </div>
     <div className='colonna'>
       <input name={uniqueId} id={uniqueId} />
     </div>
   </div>
 </React.Fragment>
}
```

Anche il nostro codice dell'applicazione migliorerebbe. Come si può vedere non c'è più necessità di pensare all'id univoco. React, o meglio useId(), pensa a tutto quanto.

src/App.js

```
import React, { useId } from 'react';
import './App.css';
import CompoNente from './CompoNente';

function App() {
 return (
   <div className="App">
     <header className="App-header">
       <h1>useId()</h1>
       <CompoNente etichetta="Nina" />
       <CompoNente etichetta="Pinta" />
       <CompoNente etichetta="Santamaria" />
     </header>
   </div >
 );
}

export default App;
```

Non è finita qui. Possiamo infatti usare lo stesso id su più campi, concatenando lo stesso ad una stringa. Magari perché il nostro componente può essere anche un form complesso e vogliamo che tutti i campi dello stesso form abbiano lo stesso prefisso. Ma ecco un esempio concreto:

src/CompoNente.js

```
const CompoNente = props => {
 const id = useId()
 return <React.Fragment>
   <div className='componente'>
     <div className='colonna'>
       <label for={id + 'foo'}>
         {props.etichetta}
       </label>
     </div>
```

```
      <div className='colonna'>
        <input name={id + 'foo'} id={id + 'foo'} />
      </div>
      <br />
      <div className='colonna'>
        <label for={id + 'bar'}>
          {props.etichetta}
        </label>
      </div>
      <div className='colonna'>
        <input name={id + 'bar'} id={id + 'bar'} />
      </div>
    </div>
  </React.Fragment>
}
```

uselmperativeHandle()

Overview

Con questo hook andiamo a lavorare sul miglioiramento del rapporto tra padre e figlio. Emh, volevo dire componente padre e componente figlio. Ci sono dei casi, inifatti, in cui un componente padre deve accedere al DOM di un componente figlio. In particolare, deve poter utilizzare dei metodi di quest'ultimo. Normalmente questo non pò succedere in React, ma con un paio di strumenti siamo in grado di ovviare a questo problema. Uno lo abbiamo gia visto qualche capitolo fa e si tratta di useRef(). L'altro lo vediamo ora e si chiama uselmperativeHandle(). Non c'è due senza tre, quindi questi due hook possono funzionare per il nostro scopo con forwardRef().

Questo hook, uselmperativHandle(), acceta tre parametri. Il terzo è facoltativo, e non ne viene approfondito l'utilizzo in questo capitolo. Il primo parametro è ref ed è il riferimento dell'oggetto che si vuole controllare. Verrà definto in un componente padre. Il secondo parametro è la funzione che ci permette di definire i metodi che vogliamo esporre. Nelle prossime pagine ti mostro un esempio concreto per vedere meglio di che si tratta. Intanto ti mostro la firma di questo hook con i tre parametri appena descritti. Come dicevo, dependencies è facoltativo e per questo vedi un punto interrogativo.

```
useImperativeHandle(ref, createHandle, dependencies?);
```

Esempio

Inizamo a vedere un po di codice, partendo da un componente che desidera concedere, ad un componente padre, l'accesso al proprio DOM ed ai propri metodi e le proprie funzionalità. Con la fantasia che contraddistingue quasi ogni componente creato per questo libro e per tutti i componenti creati nei miei video tutorial che ho realizzato su youtube per la playlist ReacJs... ho deciso di chiamare questo componente <ComponenteFilglio />.

./src/ComponenteFilgio.tsx

```tsx
import { forwardRef, useImperativeHandle, useRef } from
'react'
const ComponenteFiglio = forwardRef(function
ComponenteFiglio(_, ref) {
    const input = useRef(null)
    useImperativeHandle(ref, () => {
        return {
            focus() { input.current.focus() }
        }
    })
    return <input ref={input} />
})
export default ComponenteFiglio
```

Il componente figlio

---

forwardRef è una funzione che consente, ad un componente, di ricevere un ref ed inoltrarlo ad un componente figlio. Questa è la funzione che permette di vedere il DOM di questo componente al padre che lo conterrà.

useRef invece viene utilizzata per creare un riferimento ad un componente, in questo caso input, e di usarlo per fare riferimento al componente <input />.

Mi sono subito pentito del nome che gli ho dato ma sono troppo pigro (ed un poco bastardo) per dargli un nome più facile.

useImperativeHandle riceve in ingresso ref e va poi ad esporre il metodo focus(). I metodo potrà essere chiamato dal padre usando ref.current. Provo a spiegarlo meglio nelle prossime righe.

Nel codice che puoi trovare qualche riga prima di questa riga, viene passato input come attributo ref del componente <input />. Ora grazie al ref input, si può, appunto, fare riferimento a <input />. Abbiamo utilizzato useRef, che restituisce un oggetto con una sola proprietà chiamata current. Inizialmente input.current e' null. Quando React creerà il DOM di questo div, consentirà di riferirsi ad <input /> con input.current. In pratica, prima diciamo che cosa dovremo fare, quando il ref input sara un effettivo riferimento a <input />, poi verra reso il componente.

In verità non sei obbligato ad utilizzare per forza eventi del DOM del componente che vuoi controllare. Gli eventi del DOM sono eventi come focus, onClick... e cosi via. Semplicemente cambiando il nome dell'evento, possiamo creare anche qualche cosa di custom, che magari compie anche più azoni, o che esprimono un semantica migliore. Un nome potrebbe essere resettaEMettiAFuoco(). Direi che è abbastanza chiaro che cosa fa.

./src/ComponenteFilgio.tsx

```
import {forwardRef, useImperativeHandle, useRef} from
'react'
const ComponenteFiglio = forwardRef(function
ComponenteFiglio(_, ref) {
    const input = useRef(null)
    useImperativeHandle(ref, () => {
        return {
            eventoCustom() { input.current.focus() }
        }
    })
    return <input ref={input} />
})
export default ComponenteFiglio
```

Il componente figlio

Ora che hai creato un componente come <ComponenteFiglio />, dovrai verificare il suo funzionamento utlizzandolo in un componente padre. Per semplicità ti mostro come usare il componente dentro ad App senza creare un ulteriore componente.

./src/App.tsx

```
import { useRef } from 'react'
import './App.css'
import ComponenteFiglio from './ComponenteFilgio'

function App() {
  const ref = useRef(null)

  const handler = () => {
    ref.current.eventoCustom()
  }

  return (
    <>
      <ComponenteFiglio ref={ref} />
      <button onClick={handler}>premimi</button>
    </>
  )
}
export default App
```

In modo analogo a quanto accade in <ComponenteFiglio />... viene creato un ref, viene creata una funzione che userà quel ref quando verrà reso e la sua proprietà .current avrà un riferimento utile, viene utlizzato il che io ho chiamato <ComponenteFiglio />.

Solo a questo punto il DOM potrà essere costruito e current punterà finalmente a quel componente, e finalmente potrà utilizzare un metodo esposto da quest'ultimo. Il metodo in questo esempio è uno solo ed è

---

eventoCustom(), ma se ne potrebbero aggiungere molti altri. Tanti quante sono le necessità che si devono risolvere.

Quando verà premuto il tasto "premimi", verrà eseguito il metodo eventoCustom del componente e verrà fatto focus sulla casella di testo che si vede alla sua sinistra nell'immagine.

useInsertionEffect()

La firma di questo metodo è la stessa di useEffect(). In pratica fanno la stessa cosa. Gli hook useInsertionEffect(), useEffect() e useLayoutEffect() sono molto simili. Quello che cambia è l'ordine con cui vengono chiamati. Nel caso specifico useInsertioniEffect viene richiamata prima di layout effect che viene a sua volta chiamato prima di useEffect.

Più precisamente l'ordine è il seguente:

1. useInsertionEffect()
2. useLayoutEffec()
3. useEffect()

Se sono uguali, come mai esistono e come vanno utilizzati? Sono stati pensati per essere richiamati prima che il DOM venga costruito oppure dopo che questo è stato già "reso".

useEffect viene richiamato dopo che il DOM è stato creato. Questo significa che non va a bloccare il rendering iniziale del componente.

useLayoutEffect invece deve essere utilizzato per tutte le modifiche che devono avere luogo prima che il DOM venga generato. Questo garantisce che lo stato del DOM si trovi in uno stato coerente. Viene eseguito dopo il passaggio di render ma prima che il DOM venga generato.

useInsertionEffect va invece utilizzato pe tutte qulle modifiche del DOM che aggiungono o tolgono componenti.

Se volessimo fare qualche esempio concreto su come utilizzare questi hook, **useEffect** potrebbe essere utilizzato per caricare dati ida una API. **useLayoutEffect** potrebbe essere utile per capire quanto deve essere alto il contenitore di un elenco di elementi. Potrebbe servire anche per aggiungere o rimuovere uno stile css ad un elemento prensente nel DOM. **useInsertionEffect** può essere utilizzata per iniseire il tag <style /> all'interno del documento. É il primo dei tre hook che viene chiamato.

useLayoutEffect()

Questo hook è utile pe fare il calcolo delle misure dei vari elementi della pagina prima che il browser disegni la pagina. Il contenuto di questo hook, infatti, viene processato prima che la pagina venga disegnata.

Proviamo ad immaginare un tooltip che deve apparire vicino ad un certo elemento al passaggio del mouse. Se non c'è abbastanza spazio, il tooltip dovrebbe apparire sopra l'elemento. Mentre se c'è spazio, deve poter apparire sotto. Per posizionare il tooltip nel punto giusto, c'è bisogno di sapere quanto sarà alto il tooltip e quanto spazio a disposizione abbiamo.

Per quanto banale, l'esempio che segue mostra un utilizzo semplice di questo hook. Penso si tratti di un hook avanzato rispetto i precedenti quindi non mi addentro troppo perché lo scopo di questo libro è sopratutto quello di arrivare a chi sta inizando a programmare.

./src/IlMioComponente.tsx

```
function IlMioComponente() {
  const [width, setWidth] = useState(0);

  useLayoutEffect(() => {
    const element =
document.querySelector('.ciao-element');
    setWidth(element.offsetWidth);
  }, []);

  return (
    <>
      <div className="ciao-element">ciao</div>
      <p>L'elemento ha una larghezza di {width}px</p>
    </>
  );
}
```

un esempo di componente che fa uso di useLayoutEffect

In questo esempio si può vedere come il calcolo della larghezza del div possa essere calcolato prima di disegnare la pagina. In un esempio semplice come questo non se ne notano le potenzialità ma prova ad immaginare di avere diversi elementi nella pagina ed in base al loro ingombro, le loro dimensioni, tu debba decidere se far apparire un altro componente a destra o a sinistra o altrove purché non si trovi sopra quegli elementi.

A seconda della larghezza di un certo elemento potremmo decidere di dividere in due o tre colonne un certo layout. Quindi potrebbe decidere che valore dare ad una classe del nostro framework css del cuore per impaginare tutto quando a seconda dei nostri desideri.

Altri hook

Da questa sezione si va oltre la normale libreria react e si inizia a giocare con altri componenti da installare. Con npm o con Yarn. Si parte dalla creazione dei custom hooks fino all'introduzione di elementi come router, query o form.

Custom hooks

In generale gli hooks sono stati introdotti dalla versione 16, e dalla 16.8 si possono considerare stabili. Dalla versione 18 sono diventati standard de facto per quel che riguarda lo sviluppo di applicazioni web basate sulla libreria React. Anni fa, quando vidi React per la prima volta, si parlava solo di component lifecycle. Scrivere applicazioni React era molto differente. Ma torniamo agli hook. Che cosa sono? Sono il modo che abbiamo per introdurre delle funzionalità senza dover obbligatoriamente introdurre altri componenti al nostro albero. Non sono una vera e propria funzionalità di react. Sono più che altro una convenzione per scrivere le funzioni. Se una funzione, infatti, inizia con "use" e fa uso di altri hook, allora possiamo chiamarla custom hook. Se abbiamo un componente e vogliamo riutilizzare la logica al suo interno, allora possiamo usare un custom hook. A corollario, se il codice può essere utile in più componenti, allora potrebbe aver molto senso creare un custom hook.

Mentre un hook normale ha necessità di avere una firma precisa, un custom hook può avere la firma che meglio si preferisce. Di fatto è solo una normale funzione che segue una convenzione. Essendo una funzione non restituisce un componente. Quindi non avremo il classico

```
src/Componente.js
```
```
return (
    <div>Componente, ...</div>
)
```

Nel prossimo capitolo faremo tesoro di queste considerazioni ed andremo a creare il nostro personalissimo custom hook.

useCaptain

Quando pubblicavo un sacco di video mirati sugli hook di React, mi è capitato di sentirmi chiamare con l'epiteto pirata o Capitan Uncino. La cosa mi è sempre suonata divertente. E allora mi sono ispirato a questi fatti per trovare il nome di un custom hook. Perché questo è il capitolo nel quale racconto come se ne crea uno. Creerò infatti useCaptain(), ovvero captain hook, quindi capitan uncino. Al solito partiamo da un ambiente completamente vuoto. Da una applicazione vuota, con un solo elemento <h1 /> che mostra il titolo dell'esercizio.

src/App.js

```
import './App.css';

function App() {
 return (
   <div className="App">
     <header className="App-header">
       <h1>Captain Hook</h1>
     </header>
   </div >
```

```
  );
}

export default App;
```

Come secondo step, vado a creare il mio custom hook. Abbiamo detto qualche riga fa che un custom hook altro non è che una funzione che fa uso di qualche hook. E' una definizione un po' grossolana, ma secondo me anche abbastanza veritiera. Questo custom hook fa una cosa molto particolare, ... richiama il contenuto di un url e quando sarà pronto lo restituirà. Noi lo useremo per ottenere un'immagine random di un cane. Che cosa c'entra tutto con il resto del contenuto del libro? Assolutamente nulla. E la ragione è che quando le cose sono abbastanza sciocche da essere divertenti secondo me si impara più facilmente.

src/useCaptain.js

```
import { useEffect, useState } from "react";

const useCaptain = (url) => {
   const [data, setData] = useState(null);

   useEffect(() => {
       fetch(url)
           .then((res) => res.json())
           .then((data) => setData(data));
   }, [url]);

   return [data];
}

export default useCaptain
```

A questo punto la mia idea era quella di creare anche un componente custom. Stiamo mostrando cani, .. quindi il componente si chiama <IlCane />. Se non si è capito mi diverto a dare nomi particolari alle cose.

src/IlCane.js

```
import useCaptain from "./useCaptain"
```

```
function IlCane() {
  const [data] =
useCaptain('https://dog.ceo/api/breeds/image/random')
    if (data) {
        return <div className="image">
            <img src={data.message} />
        </div>
    }

    return <div>loading ...</div>
}

export default IlCane
```

Ho scelto una API pubblica, gratuita e senza bisogno di autenticazione. Non volevo creare anche un server node o php o go per non mettere in mezzo altra tecnologia e rumore. Volevamo rimanere concentrato su questo codice. Il componente <IlCane /> quindi utilizzerà il nostro custom hook useCaptain() per mostrare un'immagine casuale di un cane. Fino a quando "data" non avrà un valore, verrà reso "<div>loading ...</div>" ma quando la risposta popolerà data.message, sarà presente il path dell'immagine di un cane.

Ultimo passaggio, ma non meno importante, ... dentro <App /> va richiamato il componente <IlCane />:

```
src/App.js
```
```
import './App.css';
import IlCane from './IlCane';

function App() {
 return (
   <div className="App">
     <header className="App-header">
       <h1>Captain Hook</h1>
       <IlCane />
     </header>
   </div >
 );
}
```

```
export default App;
```

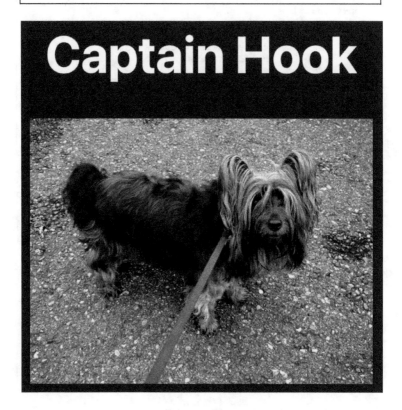

react-router-dom

Questo è il primo caso in tutto il libro, almeno fino ad ora, in cui si rende necessaria l'installazione di un componente. Utilizzeremo npm per installarlo, ma è possibile farlo anche con yarn. Infatti tutto il resto del libro si basa sulle funzionalità base di React. React però ci mette a disposizione anche strumenti come questo Router. Questo componente ci permetterà di fare le stesse cose che abbiamo realizzato usando il conditional routing, ma con uno strumento che nasce apposta per gestire queste cose con react.

Partiamo dall'installazione quindi. Per installare il router di react bisogna lanciare il comando "npm install react-ruter-dom". Dopodiche possiamo iniziare ad usarlo nel nostro progetti. Partiamo dalle import di cui avremo bisogno:<BrowserRouter />,<Route />,<Routes />. Sono tutti componenti necessari per la tipologia di routing che vedrai in questo capitolo.

src/index.js
import { BrowserRouter, Route, Routes } from 'react-router-dom';

Quello che dobbiamo andare a fare in questo momento e' modificare il file che si trova nella root del nostro progetto, ovvero il file index.js. A dire il vero non si tratta di una vera e propria modifica ma dell'aggiunta di un elemento wrapper che avvolgerà il componente <App />. E questo wrapper e' il componente <React.StrictMode />

---

src/index.js

```
...

root.render(
  <React.StrictMode>
    <App />
  </React.StrictMode>
);

...
```

---

ad una nuova versione che però fa uso del router. Di default viene reso il componente <App />. Tutti gli esempi fatti sino a questo momento in questo libro sono partiti dallo stesso punto. Quindi ora non dobbiamo più richiamare il componente <App /> direttamente, bensì gli elementi necessari a gestire le pagine del nostro progetto.

Supponiamo quindi di avere due rotte: "/" e "/contatti". La prima sarà relativa al componente <App />. La seconda invece al componente <Contatti />. In un'applicazione reale, probabilmente avremmo anche <AboutUs />. Oppure <Carrello /> se magari stiamo sviluppando un e-commerce. <Blog />, ... e così via. In questo capitolo ci limitiamo ad un caso semplice. Infatti lo scopo è capire come funziona il Router e non realizzare un sito web complesso.

Mettiamo insieme tutte le cose che hai potuto leggere in questi ultimi paragrafi e vediamo che faccia avrà il nostro nuovo file index.js una volta che sarà configurato per gestire le rotte.

---

src/index.js

```
import React from 'react';
```

```
import ReactDOM from 'react-dom/client';
import './index.css';
import App from './App';
import reportWebVitals from './reportWebVitals';
import { BrowserRouter, Route, Routes } from
'react-router-dom';
import Contatti from './Contatti';

const root = ReactDOM.createRoot(
  document.getElementById('root')
);

root.render(
 <React.StrictMode>
   <BrowserRouter>
     <Routes>
       <Route path="/" element={<App />} />
       <Route path="/contatti"
           element={<Contatti />} />
     </Routes>
   </BrowserRouter>
 </React.StrictMode>
);

reportWebVitals();
```

Quando caricheremo la nostra pagina web al link "/", vedremo quindi il contenuto del componente <App />. Se invece caricheremo la pagina "/contatti", ... vedremo il contenuto del componente <Contatti />. Ma come possiamo fare, da entrambe le pagine, a cambiare rotta? Da <Contatti />ad andare alla pagina <App /> e viceversa? Che si tratti di app o di contatti il concetto sarà lo stesso quindi tra poco vedrai solo uno di questi due componenti. Nel prossimo box di codice viene introdotto <Link /> per la prima volta.

```
src/Contatti.js

import { Link } from 'react-router-dom';
import './Contatti.css';

function Contatti() {

 return (
```

```
   <div className="App">
     <header className="App-header">
       <h1>&lt;Contatti /&gt;</h1>
       <Link to="/">vai alla home</Link>
     </header>
   </div >
 );
}

export default Contatti;
```

Questo farà apparire un link con label "vai alla home". Potremmo fare la stessa cosa nel componente <App />. In questo modo potremmo andare da una pagina all'altra. Eventualmente potremmo creare anche un componente <Navigation /> e mettere al suo interno tutti i <Link /> necessari per navigare le varie sezioni del sito.

Quindi abbiamo visto i componenti <BrowserRouter />,<Routes />, <Route /> e <Link />. Il componente <Router /> non è un argomento che si esaurisce qui: nella documentazione ed online si possono trovare decine di esempi anche più complessi di questo. Spero però che queste pagine ti siano state di aiuto per introdurti al mondo do React.

react-query

Installazione

In questo capitolo ti parlo di un nuovo hook che si richiama con useQuery().
Questo hook puoi utilizzarlo dopo aver installato un componente che si
chiama react-query. E' necessario per interrogare una risorsa esterna,
generalmente una api rest o cmq un url che potrebbe appartenere ad un sito
o una api di terze parti. Utilizzerai fetch al suo interno ed avrai modo di
migliorare le performance della nostra applicazione proprio grazie al
funzionamento di react-query.

Inizia creando una nuova applicazione react. Mentre scrivo sto revisionando
tutto il libro e quindi ho deciso di ripetere ogni singolo passaggio. Ad esempio
mi assicuro che il mio terminale stia utilizzando la versione corretta di node.

> Terminale
`nvm use 18`

A questo punto la versione corretta è stata impostata (prima stavo usando la 14 che con vite genererebbe una marea di warning). Posso andare a creare una nuova applicazione react.

> Terminale
`npm create vite@latest`

Dopo aver selezionato come framework React e come variante TypeScript dovresti ritrovarti una schermata simile alla seguente:

Ora entro nella cartella ed installo tutto con npm install.

Manca solo il protagonista di questo capitolo. Ovvero react-query:

> Terminale

```
npm install react-query
```

Come al solito parto dalla applicazione react vuota. Nel codice che segue ho solo indicato il titolo di questo capitolo. Ho rimosso dall'applicazione creata con vite tutto il superfluo.

src/App.js

```
import './App.css'

function App() {
  return (
    <>
```

```
        <h1>React query</h1>
    </>
  )
}

export default App
```

Il componente

Per questo componente scelgo il nome <MioComponente />. É un componente vuoto che presenta solo un h1 ed un ul. Il tutto dentro ad un fragment per non rendere tag inutili attorno a questo componente.

```
src/MioComponente.tsx
```
```
export default function MioComponente() {
   return (
       <>
           <h1>Mio Componente</h1>
           <ul></ul>
       </>
   )
}
```

Ora, grazie a react-query, puoi utilizzare l'hook useQuery. Con questo componente puoi ottenere dei riferimenti relativi ad una chiamata ad una api esterna. I dati che questa restituisce. Puoi sapere se la pagina sta caricando. Puoi sapere se è andata in errore. Puoi ottenere la lista degli errori. Insomma puoi ottenere un sacco di cose. Tutte gratuitamente e senza implementare una sola riga di codice.

Tutti questi controlli si possono fare tranquillamente con del plain JavaScript. Certo. Ma perché non sfruttare tutta una serie di automatismi come già fa useQuery? isLoading ed isError sono gratis, non dobbiamo preoccuparci di controllare lo stato della richiesta. Non dobbiamo reinventarci la ruota. Questa qui fa abbastanza cose e le fa anche bene.

```
src/MyComponent.js
```

```
import { useQuery } from "react-query"

export default function MyComponent() {
    const { data, isLoading, isError, error } =
        useQuery('myData', () =>
            fetch('http://localhost:8888')
                .then(res => res.json())
        );

    return (
        <div>
            <h1>Mio Componente</h1>
            <ul></ul>
        </div>
    )
}
```

Grazie alle variabili isLoading ed isError sai che cosa sta succedendo e puoi decidere che cosa fare mentre sta succedendo. Quindi con questa possibilità di controllo, puoi occuparti di che cosa vuoi mostrare a video mentre il tuo hook sta aspettando una risposta dal server oppure quando una risposta l'ha ricevuta ma è un errore.

src/MyComponent.js

```
import { useQuery } from "react-query"

export default function MyComponent() {
    const { data, isLoading, isError, error } =
useQuery('myData', () =>
        fetch('http://localhost:8888')
            .then(res => res.json())
    );

    if (isLoading) {
        return <div>loading ...</div>
    }

    if (isError) {
        return <div>Error: ... {error.message}</div>
    }

    return (
```

```
        <div>
            <h1>My Component data</h1>
            <ul></ul>
        </div>
    )
}
```

Quando l'hook avra' caricato la pagina, dovrà mostrare i dati ottenuti. In questo esempio abbiamo deciso di farlo usando un elenco non numerato. Un classico <ul />.

src/MyComponent.js

```
import { useQuery } from "react-query"

export default function MyComponent() {
   const { data, isLoading, isError, error } =
useQuery('myData', () =>
        fetch('http://localhost:8888')
            .then(res => res.json())
    );

    if (isLoading) {
        return <div>loading ...</div>
    }

    if (isError) {
        return <div>Error: ... {error.message}</div>
    }

    return (
        <div>
            <h1>My Component data</h1>
            <ul>
                {data.map(item => (
                    <li key={item.id}>{item.name}</li>
                ))}
            </ul>
        </div>
    )
}
```

Integrazione nell'app

Ora torno sul componente <App />. Ora posso includere il componente. Tornando al discorso fatto all'inizio del capitolo, <MioComponente /> ha senso solo perché stiamo facendo un esempio. Stiamo mostrando un elenco di item. Anche rimanendo nel generico, potremmo chiamare il componente <UnorderedItemList />. Sarebbe meglio ed anzi, in un contesto reale deve essere cosi.

---

src/App.js

```
import './App.css';
import MyComponent from './MyComponent';

function App() {
  return (
    <div className="App">
      <header className="App-header">
        <h1>react-query</h1>
        <MyComponent />
      </header>
    </div >
  );
}

export default App;
```

QueryClientProvider

Prima però, a meno che non vogliamo ottenere un errore visibile nella console del browser, dobbiamo racchiudere tutti i componenti che usano useQuery dentro ad un <QueryClientProvider />. Questo <QueryClientProvider /> dovrà ricevere in ingresso un client. Questo client deve essere un'istanza di <QueryClient />

---

src/App.js

```
import { QueryClient, QueryClientProvider } from
'react-query';
```

```
import './App.css';
import MyComponent from './MyComponent';

const queryClient = new QueryClient()

function App() {
 return (
   <div className="App">
     <header className="App-header">
       <h1>react-query</h1>
       <QueryClientProvider client={queryClient}>
         <MyComponent />
       </QueryClientProvider>
     </header>
   </div >
 );
}

export default App;
```

La parte di react è completata. Questo codice non può funzionare senza un server che risponda alla porta 8888 di localhost. Ne creerò uno con php prché se installato sulla tua macchina può permetterti di fare un server in pochissimo tempo.

Un server php

Realizzerò quindi questo server con php. Ho scelto php in quanto linguaggio che si presta, viste le sue caratteristiche ed il server built-in, a fare un piccolo server "finto".

```
public/index.php

<?php

Header('Access-Control-Allow-Origin: *');
Header('Content-type: application/json');

echo json_encode([
    [
        'id' => 987,
        'name' => 'Simone',
```

```
    ],
    [
        'id' => 657,
        'name' => 'Lorenzo',
    ],
    [
        'id' => 234,
        'name' => 'Ilaria',
    ],
    [
        'id' => 444,
        'name' => 'dfds',
    ],
    [
        'id' => 234,
        'name' => 'Sofia',
    ],
]);
```

Lanciamo quindi il server con il comando

```
> Terminale
php -S localhost:8888 -t public
```

Ora l'applicazione dovrebbe funzionare correttamente e mostrare gli item restituiti dal server php nella nostra applicazione React.

Un server fastify

Gia che che in questo libro si parla abbondantemente di js, ts e cosi via, ho pensato di non limitarmi al solo server php. Volevo completare questo capitolo aggiungendo un server realizzato con fastify. Per raggiungere qusto obiettivo creo una cartella, inizializzo un nuovo progetto e vi installo fastify.

```
> Terminale
mkdir nome_progetto
npm init --yes
npm i fastify
```

Ecco il codice necessario con fastify per esporre un array di oggettini json del tutto simile a quello visto poco fa con php. Per evitare problemi di CORS, dobbiamo ricordarci di aggiungere `Access-Control-Allow-Origin` alla risposta che diamo con fastify.

```
./server.js

const fastify = require('fastify')({ logger: true })

fastify.get('/', (_, reply) => {
    const lista = [
        {
            'id': 987,
            'name': 'Simone'
        },
        {
            'id': 657,
            'name': 'Lorenzo',
        }
    ]
    reply
        .header('Access-Control-Allow-Origin', '*')
        .send(lista)
})

fastify.listen({
    port: 8888,
    host: '0.0.0.0'
})
```

Su fastify ci sarebbe molto da dire ma non é questo il libro giusto. Mentre scrivo queste righe questo libro è gia stato pubblicato. Sto lavorando ad un altro che potrebbe vedere la luce tra qualche mese e che sara interamente dedicato a fastify.

Ecco il risultato finale:

react-hook-form

Overview

Questo è il secondo componente che installo, dopo aver installato il router. Il livello di complessità delle cose che stai per leggere è forse il più alto dall'inizio del libro. Spero di essere abbastanza bravo da raccontarti tutto quanto in modo chiaro e semplice.

Installazione

Ti faccio partire dal principio: installo questa libreria react che si occupa di validare i form. Utilizzo come sempre il comando npm install o la sua versione abbreviata npm i. Questa libreria si chiama react-hook-form e per installarla devi lanciare il seguente comando.

> Terminale
`npm install react-hook-form`

Importa la libreria

Con la libreria installata devi importare la libreria ed a questo punto puoi immediatamente utilizzare useForm. Questo hook lo userai per impostare delle configurazioni particolari del form. Fornisce diverse funzioni e strumenti molto interessanti. Fare tutto a mano sarebbe noiosamente lungo e ripetitivo mentre con questo componente hai tutto gia fatto gratuitamente.

In questo capitolo vedrai come sia possibile impostare dei valori di default, intercettare l'invio dei dati di un form e come tenere sotto controllo tutti i valori inseriti al suo interno. Non solo, grazie a questo componente hai la possibilita di accedere ad una gestione degli errori che, come gia detto, altrimenti sarebbe da fare a mano per ogni form.

Per utilizzare questo hook basta importarlo. Importiamo quindi useForm da react-hook-form.

```
> Terminale

import { useForm } from "react-hook-form"
```

Registra i campi

Successivamente devi, tramite questo hook, registrare tutti i campi che desideri avere all'interno di questo form. Per farlo devi passare dalla sintassi classica html a quella suggerita per questo componente. Per farlo userai la callback register. Register è una callback function con la quale riuscirai ad avere il totale controllo dei valori che hai inserito all'interno dell'input. La userai per tutti i campi che dovranno essere gestiti dal componente.

```
src/App.js

import { useForm } from "react-hook-form";

function App() {
 const { register } = useForm();
 return (
   <form>
```

```
    <input defaultValue="test"
        {...register("example")} />
  </form>
  );
}

export default App
```

Una volta impostato register per avere un totale controllo su quello che viene inserito all'interno dei campi di un form, è la volta della funzione che si prenderà carico dei dati una volta premuto il bottone submit.

```
src/App.js

import { useForm } from "react-hook-form";

function App() {
 const { register, handleSubmit } = useForm();
 return (
  <form onSubmit={handleSubmit(data =>
console.log(data))}>
     <input defaultValue="test" {...register("example")}
/>
     <input type="submit" />
   </form>
  );
}

export default App
```

Campi obbligatori

Puoi anche indicare se un campo è obbligatorio o meno. Oppure puoi andare ad indicare constraint come la lunghezza minima, per esempio. Per farlo aggiungi altre configurazioni sottoforma di oggetto js subito dopo la chiamata alla funzione register. Aggiungi anche un altro strumento che ci permette di recuperare gli errori. Abbiamo infatti aggiunto dei constraint e questi genereranno a loro volta dei messaggi di errore se l'input non sarà opportunamente inserito.

---

src/App.js

```
import { useForm } from "react-hook-form";

function App() {
 const { register, handleSubmit, formState: { errors } }
= useForm();
 return (
   <form onSubmit={handleSubmit(data =>
console.log(data))}>
     <input defaultValue="test" {...register("example"),
{required: true, minLength: 4}} />
     <input type="submit" />
   </form>
 );
}

export default App
```

Messaggio di errore

Prima di procedere però, anticipiamo che un required: true fa sì che un campo sia obbligatorio ma non genererà alcun messaggio di errore. Quindi, al posto di true, possiamo indicare il valore di questo messaggio. Il messaggio può essere specificato anche per quel che riguarda la violazione di un preciso constraint come minLength.

src/App.js

```
import { useForm } from "react-hook-form";

function App() {
 const { register, handleSubmit, formState: { errors } }
= useForm();
 return (
   <form onSubmit={handleSubmit(data =>
console.log(data))}>
     <input defaultValue="test" {...register("example"),
{ required: "campo non valido, …", minLength: { value:
4, message: "almeno quattro caratteri" } } } />
     <input type="submit" />
   </form>
 );
```

```
  }

export default App
```

E se invece volessi dare un valore di default a tutti i campi o anche solo a qualcuno? Come puoi fare? Semplice: basta usare defaultValue nella configurazione di Form. Usare dei valori di default è decisamente utile perché permette all'editor di individuare un errore, se per caso tentiamo di registrare un componente che non è stato definito nei valori di default.

src/App.js

```
import { useForm } from "react-hook-form";

function App() {
 const { register, handleSubmit, formState: { errors } }
= useForm({
   defaultValues: {
      example: "foo"
   }
 });
 return (
   <form onSubmit={handleSubmit(data =>
console.log(data))}>
      <input defaultValue="test" {...register("example",
required: "campo non valido, …", minLength: { value: 4,
message: "almeno quattro caratteri" }) } />
      <input type="submit" />
   </form>
 );
}

export default App
```

Adesso non mi resta che mostrare gli errori. I messaggi di errori che abbiamo configurato poco fa per il nostro campo di esempio. Anche perchè avrai notato che errors non è ancora utilizzata e se usi visual studio code avrai notato che l'editor sta protestando perchè errors è stata inizializzata ma non ancora utilizzata.

---

src/App.js

```
import { useForm } from "react-hook-form";

function App() {
 const { register, handleSubmit, formState: { errors } }
= useForm({
    defaultValues: {
       example: "foo"
    }
 });
 return (
    <form onSubmit={handleSubmit(data =>
console.log(data))}>
      <p>{errors.example?.message}</p>
      <input defaultValue="test" {...register("example",
required: "campo non valido, …", minLength: { value: 4,
message: "almeno quattro caratteri" }) } />
      <input type="submit" />
    </form>
 );
}

export default App
```

Adesso non resta che provare a fare degli inserimenti giusti e sbagliati e vedere come si comportano dal vivo i <Form /> di react.

Fino a qui abbiamo visto abbastanza ma c'è un'altro strumento che ci permette di sapere il valore di un campo o di tutti i campi del nostro form. Questo strumento è una funzione, si chiama watch, e possiamo usarla in due modi. Se vogliamo stare in ascolto di tutti i campi, non dobbiamo passarle alcun parametro. Se, invece, vogliamo osservare un solo campo, allora possiamo indicare il suo nome come parametro.

---

src/App.js

```
import { useForm } from "react-hook-form";

function App() {
 const { register, handleSubmit, watch, formState: {
errors } } = useForm({
```

```
   defaultValues: {
      example: "foo"
   }
});
console.log(watch()) // stampa tutti i dati del form
return (
   <form onSubmit={handleSubmit(data =>
console.log(data))}>
      <p>{errors.example?.message}</p>
      <input defaultValue="test" {...register("example"),
required: "campo non valido, …", minLength: { value: 4,
message: "almeno quattro caratteri" } } />
      <input type="submit" />
   </form>
);
}

export default App
```

Inviare un file via form

Creazione app

Il codice di questo esempio parte da vite con il comando che segue.

> Terminale
npm create vite@latest
installazione via vite

Una volta creata la tua applicazione, spogliala di tutto. Io ho lasciato, come vedrai nel prossimo paragrafo, solo il titolo h1 d una card. Lasciando il nome di default dell-app vite-project, dovrmo poi entrare nella cartella e lanciare npm run dev per vedere il client in azione.

Import libreria e form

Ora devi importare useForm da react-hook-form. Lo hai gia visto nel capitolo prcedente. In secondo luogo devi dichiarare un paio di callback: register e handleSubmit. Ti bastano queste. Ultimo passaggio, devi aggiungere il form. Nel form devi fare poche cose: indicare un bottone per il submit dei dati. Aggiungere un campo di tipo file che devi poi registrare come puoi vedere nel codice qui sotto. Ultimo, devi intercettare il submit del form.

```tsx
src/App.tsx

import './App.css'
import {useForm} from "react-hook-form"
function App() {
  const { register, handleSubmit} = useForm()
  const onSubmit = async(data:any)=> { }
  return (
    <>
      <h1>Vite + React</h1>
      <div className="card">
        <form onSubmit={handleSubmit(onSubmit)}>
```

```
            <input type="file" {...register("file")} />
            <input type="submit" value="invia" />
        </form>
     </div>
   </>
  )
}
export default App
```

il codice completo

Invio dei dati

Nel passaggio precedente hai indicato che cosa fare al submit del form per prendere il controllo e non lasciare che il normale comportamento del componente html abbia luogo. Ora e' tutto nelle tue mani e precisament nella funzione onSubmit. In questa funzione devi dichiarare un oggetto FormData, appenderci il file del form ed infine spedire tutto al server. In questo caso abbiamo un micro script php quindi chiameremo questo.

src/App.tsx

```
import './App.css'
import {useForm} from "react-hook-form"
function App() {
  const { register, handleSubmit} = useForm()
  const onSubmit = async(data:any)=> {
    const formData = new FormData;
    formData.append("file", data.file[0])
    await fetch('http://localhost:8894', {
      mode: 'no-cors',
      method: 'POST',
      body: formData
    })
    // .then((response) => response.json())
    // .then((json) => console.log(json))
  }
  return (
    <>
      <h1>Vite + React</h1>
      <div className="card">
        <form onSubmit={handleSubmit(onSubmit)}>
```

```
            <input type="file" {...register("file")} />
            <input type="submit" value="invia" />
        </form>
    </div>
    </>
  )
}
export default App
```
il codice completo

Il risultato dovrebbe essere simile al seguente.

Il server php

Quando devo creare un server php parto sempre dal mio starter kit:

- https://github.com/sensorario/tdd-starter-kit

In questo modo ho tutto dockerizzato e pronto all'uso. Generalmente tutto esposto alla porta 8894. Unica cosa da fare dopo averlo scaricato: lanciare make up. Puoi trovare nel readme tutte le indicazioni per creare un nuovo server in questo modo. Oppure hai tutta la libertà di scegliere di realizzare un server tuo con la tecnologia che preferisci.

Questo server php è molto semplice. Non rappresenta una reale applicazione. Manca di tutto quello che è lo strato di sicurezza, per dirne una. Questo script ha il solo compito di salvare un file ricevuto da una chiamata http.

---

public/index.php

```php
<?php

$tmpName = $_FILES['file']['tmp_name'];
move_uploaded_file($tmpName, __DIR__ . '/newfile.html');

header('Access-Control-Allow-Origin: *');
header('Access-Control-Allow-Headers: *');
header('Access-Control-Allow-Methods: *');
header('Content-type: application/json');

echo json_encode([
    'success' => 'true',
]);
```

Proviamo il tutto

Puoi lanciare il server usando php -S localhost:8894 -t public. Io ho creato il server partendo dal mio tdd-starter-kit che puoi trovare su github.

- https://github.com/sensorario/tdd-starter-kit

Per lanciare il client bisogna lanciare il comando npm run dev dalla cartella del client. Dalla cartella vite-project, lanciare il comando npm run dev. Dalla cartella del server lanciare make up se si usa lo starter kit oppure php -S localhost se si una uno script php isolato. Caricando il file dal form, lo ritroveremo anche sul server non appena premeremo il tasto per inviare il file.

Gestione dello stato

Overview

Quando le applicazioni crescono inizia a porsi il problema di come gestire lo stato tra i vari componenti. Lo stato deve essere uno ed uno solo. Duplicare o ridondare le informazioni può essere fonte di bug. Come si struttura lo stato? Come lo si aggiorna? Quando si gestisce una pagina in React non si tende ad usare azioni come "mostra questo bottone" oppure "disabilita quel campo di input". In react si possono definire degli stati e questi stati aiuteranno a decidere che cosa mostrare e cosa no. Più che alto la logica diventa, ... "se mi trovo in questo stato", allora "mostra questo". Una pagina web diventa quindi una macchina a stati. Se hai letto l'hook useState() forse conosci già l'argomento. In questo capitolo vedremo le cose in modo più approfondito.

Un semplice esempio

Gli stati del gioco

Adesso vado a realizzare una applicazione React. Mi lascio ispirare da un esempio trovato nella documentazione di React stesso. Andrò a realizzare un piccolo quiz nel quale chiedo in quale citta sono nato. Sara facile rispondere visto che vedremo tutto il codice sorgente. Ma sarà anche divertente gestire l'applicazione come una piccola macchina a stati. Prima di iniziare infatti volevo considerare gli stati che questo gioco può avere. Ne avremo pochi, per rimanere sul semplice:

- **typing**: l'utente può scrivere
- **submitting**: l'utente ha inviato la propria risposta ed attende un riscontro positivo o negativo. Non faremo una vera chiamata ad un server, ma la simulerò forzando l'attesa
- **success**: l'utente ha indovinato

Sicuramente parto dalla creazione di una nuova applicazione React usando vite, grande amico di chi vuole creare un nuovo progetto con tecnologie come React (e non solo). Salto a pie pari la creazione dell'app con Vite per non essere ripetitivo. La creazione di una nuova app React infatti la si può trovare altrove nel libro.

Il form

Adesso vado a scrivere un bel po' di codice. Prima di vederlo per intero, lo analizzo pezzo per pezzo. Inizio dal componente che mostra il form. Ho evidenziato la parte interessante: se la pagina sta inviando i dati, il form viene disabilitato. Come anticipato, vado a modificare l'interfaccia in base allo stato del gioico. Dal punto di vista del bottone, ... "mi disabilito se lo stato è submitting". Oppure, ... "mi disabilito se sto inviando i dati per verificarli", ... mi disabilito. E cosi via.

./src/App.tsx

```
function LaDomanda(props : any) {
  return (
    <>
      <h1>Quiz</h1>
      <p>In quale citta è nato Simone Gentili?</p>
      <textarea disabled={props.status === 'submitting'}
name="content" id="content" cols="30"
rows="10"></textarea>
      <button disabled={props.status === 'submitting'}
onClick={props.handler}>submit</button>
    </>
  )
}
```

Tieni presente che per gestire lo stato facciamo uso dello state hook e che il gioco inizia con lo stato "typing". Poco fa li abbiamo visti tutti e tre.

./src/App.tsx

```
...
function App() {
  const [status, setState] = useState('typing')
  ...
}
...
```

La logica principale

Quindi ti mostro il resto dell'applicazione ed analisso i punti salienti. In particolare mi fermo su questo. Per gli stati "typing" e "submitting" viene mostrato il form. Nel caso contrario, viene mostrato un messaggio di congratulazioni per aver indovinato.

./src/App.tsx
| ```
...
  return status === 'success'
    ? <h1>Complimenti!</h1>
    : <LaDomanda
      status={status}
      handler={handler} />
...
``` |

Un altro elemento che voglio farti notare e' che per fingere di attendere una risposta dal server, ritardo il controllo con setTimeout(). Questo serve solo per simulare un comportamento reale dove una chiamta al server può richiedere lo stesso tempo di attesa.
```

```
./src/App.tsx

. . .
    setTimeout(() => {
      const content =
document.querySelector('#content').value
      if (content === 'Cesena') {
        setState('success')
      } else {
        document.querySelector('#content').value = ''
        setState('typing')
      }
    }, 1500)
  }, [])
. . .
```

Il codice completo

Di seguito il codice completo del giochino che ho realizzato.

```
./src/App.tsx

import { useCallback, useState } from 'react'
import './App.css'

function LaDomanda(props : any) {
  return (
    <>
      <h1>Quiz</h1>
      <p>In quale citta è nato Simone Gentili?</p>
      <textarea disabled={props.status === 'submitting'}
name="content" id="content" cols="30"
rows="10"></textarea>
      <button disabled={props.status === 'submitting'}
onClick={props.handler}>submit</button>
    </>
  )
}

function App() {
  const [status, setState] = useState('typing')
  const handler = useCallback(() => {
    setState('submitting')
    setTimeout(() => {
```

```
      const content =
document.querySelector('#content').value
      if (content === 'Cesena') {
        setState('success')
      } else {
        document.querySelector('#content').value = ''
        setState('typing')
      }
    }, 1500)
  }, [])

  return status === 'success'
    ? <h1>Complimenti!</h1>
    : <LaDomanda
      status={status}
      handler={handler} />
}

export default App
```

Conclusioni

Gestire una UI come una macchina a stati offre efficienza strutturale semplificando lo sviluppo e la manutenzione. Chiarezza del flusso di controllo, facilità di debug e testabilità migliorano l'organizzazione del codice e la reattività dell'interfaccia, garantendo una migliore esperienza dell'utente finale.

Ragionando con gli stati, puoi anche disegnare l'intera applicazione e dunque tutti gli elementi nello stato che preferiamo. Come ho fatto nel return di app. Lo puoi leggere in questo modo: se l'utente ha indovinato mostra un messaggio, altrimenti mostra il form con la domanda. Sarà React, sarà la gestione a stati. A me questo modo di gestire le pagine web piace da matti.

Se sei stato attento in questo codice hai trovato document.querySelector. Non è una sintassi molto amica delle best practices di React. Quindi ho fatto una seconda versione del gioco, molto semplificata.

./src/App.tsx

```
function App() {
  const [state, setState] = useState('typing')

  const handleInput = (e) => {
    const city = e.target.value
    if (city === 'Cesena') {
      setState('success')
    }
  }

  if (state === 'success')
    return <h1>Complimenti!</h1>

  return (
    <>
      <h1>In quale citta sono nato?</h1>
      <input disabled={state === 'submitting'}
onChange={handleInput} type="text" id='city' />
    </>
  )
}
```

Il codice si è decisamente ridotto. Anziche attendere il submit del form si effettua un controllo sul valore di city direttamente all'evento onChange dell'input. In questo caso quando il valore corrisponde a "Cesena" verrà mostrato immediatamente la scritta di congratulazioni.

Un'altra versione

In questa ultima versione ripristino il button ed uso una seconda variabil di stato per tenere traccia della risposta. Anziche passare alle congratulazioni quando la risposta è corretta, salvo la risposta ogni volta che il valore dell'input cambia, infine faccio un controllo "vero" solo alla pressione del button.

```tsx
./src/App.tsx

function App() {
  const [state, setState] = useState('typing')
  const [answer, setAnswer] = useState('')

  const handleInput = (e) => {
    setAnswer(e.target.value)
  }

  const check = () => {
    setState('submitting')
    setTimeout(() => {
      if (answer === 'Cesena') setState('success')
    }, 1500)
  }

  if (state === 'success')
    return <h1>Congratulazioni!!!</h1>

  return (
    <>
      <h1>In quale citta sono nato?</h1>
      <input disabled={state === 'submitting'}
onChange={handleInput} type="text" id='city' />
      <button disabled={state === 'submitting'}
onClick={check}>check</button>
    </>
  )
}
```

La struttura dello stato

Alcuni considerazioni da fare

Bisogna capire se vale la pena memorizzare lo stato in una sola o piu variabili. Alcuni componnti potrebbero preferire il primo caso. Altri il secondo. Vedremo qualche esempio in questo capitolo. In alcuni casi poi, le variabili vengono modificate insieme perché fanno effettivamente parte dello stesso valore. Cambiando spesso insieme, forse ha senso tenerle in un unico valore. A volte poi si possono memorizzare anche informazioni ridondanti che possono essere invece calcolate. Queste sono solo alcune considerazioni da prendere quando si tratta con lo state management delle applicazioni react. Approfondisco solo un paio di questi aspetti: il raggruppamento di più valori e l'evitamenteo delle ridondanze.

Raggruppare valori

Quando ha senso raggruppare due valori? Quando fanno parte dello stesso valore. Se volessimo memorizzare i dati di una certa persona, per esempio non avrebbe senso tenere nome e cognome separati. Avrebbe piu senso raggrupparli in una persona. Un esempio forse anche più calzante potrebbe essere quello della rappresentazione di un punto nello spazio. Potremmo memorizzare in modo separato i valori di X e di Y per capire che, infondo, rappresentano un punto.

./src/App.tsx

```
const [nome, setNome] = useState('Simone');
const [cognome, setCognome] = useState('Gentili');
```

./src/App.tsx

```
const [persona, setPersona] = usePersona({
    nome: 'Simone',
    cognome: 'Gentili'
});
```

Un altro aspetto da tenere in considerazione è che mantenere separati i componenti di un valore costringe a mantenere sincronizzato il secondo elemento. Usando un solo valore si alterano entrambi contemporaneamente.

Evitare ridondanze

Tornando all'esempio di una singola persona, potremmo anche creare una variabile che contiene il nome completo della persona. In questo caso si andrebbe a ricreare una ridondanza di ininformazioni che si troverebero contemporaneamente sia in nome e cognome, che in nomeCompleto.

```
./src/App.tsx

const [nome, setNome] = useState('Simone');
const [cognome, setCognome] = useState('Gentili');
const [nomeCompleto, setNomeCompleto] = useState('Gentili Simone');
```

Lifting state up

Overview

Ci sono delle situazioni in cui si vuole che più componenti dialoghino tra di loro e far si che cambino di stato insieme o per lo meno in modo coordinato. Il segreto sta nel passare la gestione dello stato da ogni singolo compomente al componente padre. Lo stato gestito dal padre, verrà poi passato ai figli tramite le props. Questa operazione si chiama lifting state up.

Gestire il figlio attivo

In questo esempio vado a creare un elemento padre e due componenti figli. Ogni elemento figlio ha il proprio valore booleano isActive, gestito con useState(), che viene usato per determinare se il contenuto al suo interno deve essere visibile o meno. Purtroppo in questa implementazione ciascun figlio non è e non può essere a conoscenza di che cosa fa un elemento fratello.

```
./src/App.tsx

import { useState } from 'react'
import './App.css'

function ChildElement({title, children}) {
  const [isActive, setIsActive] = useState(false)
  return (
    <>
      <h3>{title}</h3>
      { isActive ? (
        <p>{children}</p>
      ) : ( <button onClick={() =>
setIsActive(true)}></button> )}
    </>
  )
}

function ParentElement() {
  return (
    <>
      <h2>Parent Element</h2>
      <ChildElement title="primo">Cose dentro al primo
figlio</ChildElement>
      <ChildElement title="secondo">Cose dentro al
secondo figlio</ChildElement>
    </>
  )
}

function App() {
  return (
    <>
      <ParentElement></ParentElement>
    </>
  )
}

export default App
```

Se hai notato, quando viene premuto un bottone di un figlio, non ci sono effetti sull'altro. Con il pretesto di far comunicare tra di loro i due componente ho pensato di fare in modo che dialogassero tra di loro in un qualche modo. Il mio obiettivo e' quello di fare si che solo un figlio alla volta possa essere attivo. All'attivazione di un figlio, il secondo deve nascondere il proprio contenuto. Per ottenere questo risultato occorre portare la gestione dello stato un livello piu in alto: il componente padre. Questo può avvenire in tre step.

- **rimuovere** lo stato dagli elementi figli
- **passare** dati hardcodati dall'elemento padre
- **aggiungere** useState() al padre e passarlo ai figli

Questo permette all'elemento padre di coordinare entrambi i figli ed infine di tenerne attivo solo uno alla volta.

Rimuovere stato e passare valori

Come da documentazione, nel primo passaggio vado a rimuovere state dagli elementi figli. In questo snippet di codice c'e' anche il secondo step che prevede che venga passato un valore hardcodato dal padre ai figli. Trovi i cambiamenti in grassetto qui sotto.

```
./src/App.tsx

...

function ChildElement({title, children, isActive}) {
  return (
    <>
      <h3>{title}</h3>
      { isActive ? (
        <p>{children}</p>
      ) : ( <button>attiva</button> )}
    </>
  )
}

function ParentElement() {
  return (
    <>
      <h2>Parent Element</h2>
```

```
      <ChildElement isActive={true} title="primo">Cose
dentro al primo figlio</ChildElement>
      <ChildElement isActive={true} title="secondo">Cose
dentro al secondo figlio</ChildElement>
    </>
  )
}
...
```

Passare state da padre a figli

A questo punto il padre deve sapere quale figlio deve essere attivo. Deve decidere di gestire in maniera diversa quei valori ora hardcodati. Invece di usare un valore booleano, utilizzo un numero come indicatore per sapere quale figlio deve essere considerato attivo.

./src/App.tsx

```
import { useState } from 'react'
import './App.css'

function ChildElement({title, children, isActive,
onActivation}) {
  return (
    <>
      <h3>{title}</h3>
      { isActive ? (
        <p>{children}</p>
      ) : ( <button
onClick={onActivation}>attiva</button> )}
    </>
  )
}

function ParentElement() {
  const [number, setActiveChild] = useState(0)
  return (
    <>
      <h2>Parent Element</h2>
```

```
      <ChildElement onActivation={() =>
setActiveChild(0)} isActive={number === 0}
title="primo">Cose dentro al primo figlio</ChildElement>
      <ChildElement onActivation={() =>
setActiveChild(1)} isActive={number === 1}
title="secondo">Cose dentro al secondo
figlio</ChildElement>
    </>
  )
}

function App() {
  return (
    <>
      <ParentElement></ParentElement>
    </>
  )
}

export default App
```

Utilizzerò 0 per indicare che è attivo il primo figlio. 1 per indicare che il figlio attivo è il secondo. Il bottone dentro ai figli usa la funzione onActivation() del padre. Il padre in quest funzione altro non fa che cambiare l'indice del figlio attivo in un dato momento. Questo completa il lifting state up. E' stato mosso lo stato nel padre.

Preservare o resettare lo stato

Lo stato tra componenti diversi è isolato. React sa esattamente a chi appartiene un certo stato. Lo fa utilizzando la posizione dell'UI Tree. Tra un render e quello successivo lo stato può perdersi oppure mantenersi. Vediamo quali sono le regole che si nascondono nelle differenti gestioni dell'albero e nei differenti risultati che queste alberature possono dare.

UI Tree

I browser usano differenti alberi per modellare l'interfaccia utente. Nel caso di documenti HTML c'è il DOM. Nel caso dei documenti CSS c'è invece il CSSOM. React si crea internamente delle strutture ad albero partendo dal codice Jsx. Il dom viene aggiornato per far si che combaci con l'UI Tree.

Lo stato è legato ad una posizione

Lo stato di un componente risiede all'interno di React. React associa ogni stato al corrispondente componente. Lo fa attraverso la sua posizione all'interno dell'albero. Per dimostrarlo provo a realizzare un nuovo progetto con vite. Tolgo il superfluo e lascio il solo bottone counter che modifico opportunamente sotto forma di componente per poterlo richiamare più volte.

```
./src/App.tsx

import { useState } from 'react'
import './App.css'

function App() {
  return (
    <>
        <Bottone />
        <Bottone />
    </>
  )
}

function Bottone() {
  const [count, setCount] = useState(0)
```

```
  return (
        <button onClick={() => setCount((count) => count
+ 1)}>
          count is {count}
        </button>
  )
}

export default App
```

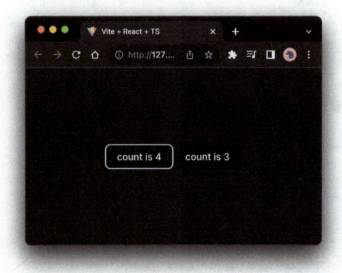

Puoi notare che cliccando su ciascun bottone, verrà incrementato il proprio contatore. Ci sono due contatori differenti perché i componenti sono resi in posizioni differenti. Ogni componente ha il proprio stato isolato dal resto dei componenti. Se dovessi rendere nuovamente un contatore, il valore partirebbe nuovamente da zero. Questo avviene perché quando si cancella un componente, il suo stato sparisce completamente. Quando React rimuove un componente, distrugge il suo stato. Per dimostrarlo, ho leggermente modificato il codice in modo da poter eliminare un contatore selezionando o deselezionando una checkbox.

```
./src/App.tsx
```
```
import { useState } from 'react'
import './App.css'

function App() {
  const [nascondi, setVisibilita] = useState(false)
  return (
    <>
      <Bottone />
      { nascondi === false ? <Bottone /> : '' }
      <input type="checkbox" onClick={() => {
          setVisibilita(!nascondi)
      }} name="" id="" /> mostra/nascondi
    </>
  )
}

function Bottone() {
  const [count, setCount] = useState(0)

  return (
    <button onClick={() => setCount((count) => count +
1)}>
      count is {count}
    </button>
  )
}

export default App
```

Quando seleziono la checkbox e sparisce il contatore, vine distrutto lo stato. Quando viene reso nuovamente il contatore ripartira sempre da zero.

Lo stato preservato

In questo codice mostro contatori differenti ma nella stessa posizione. Siccome lo stato viene salvato in base alla posizione e non all'interno di un componente, quando viene cambiato il componente lo stato viene preservato ed il contatore non riparte da zero.

./src/App.tsx

```
import { useState } from 'react'
import './App.css'

function App() {
  const [primo, setVisibilita] = useState(true)
  return (
    <>
        { primo === true ? <Bottone title="primo" /> :
<Bottone title="secondo" /> }
        <input type="checkbox" onClick={() => {
          setVisibilita(!primo)
        }} name="" id="" /> mostra/nascondi
    </>
  )
}

function Bottone(props) {
  const [count, setCount] = useState(0)
  return (
      <button onClick={() => setCount((count) => count +
1)}>
        {props.title} is {count}
      </button>
  )
}

export default App
```

Resettare lo stato

Se entrambi i bottoni si trovano nella stessa posizione lo stato viene preservato ma se si vuole forzare il reset basta aggiungere un attributo key al componente. Lo stesso codice con una piccola differenza, farà sì che il reset venga forzato ogni volta che viene selezionato o deselezionata la checbox.

./src/App.tsx

```
function App() {
  const [primo, setVisibilita] = useState(true)
  return (
```

```
    <>
        { primo === true ? <Bottone key="primo"
title="primo" /> : <Bottone key="secondo"
title="secondo" /> }
        <input type="checkbox" onClick={() => {
          setVisibilita(!primo)
        }} name="" id="" /> mostra/nascondi
    </>
  )
}
```

Introduzione a zustand

Installazione

Per poterlo provare ho dovuto semplicemente installarlo. Di solito uso npm, di rado mi capita di usare yarn.

> Terminale

```
npm install zustand
```

E' comunque possibile installarlo anche con yarn.

> Terminale

```
yarn add zustand
```

Creazione di uno store

Per prima cosa vado a creare uno store. Uno store altro non è che un hook. In ingresso accetta di di tutto. Ad esempio primitive, oggetti o funzioni. Come puoi vedere nel codice c'è una funzione set. Questa ha il compito di fare il merge dello stato con quel che le viene passato. In questa implementazione e' tutto mescolato ma è possibile anche separare le funzioni. Te lo mostro dopo aver completato questo primo esercizio.

```
./app/store.tsx

import { create } from "zustand"

const useStore = create((set) => ({
    numero: 0,
    incrementa: () => set((state) => ({ numero:
state.numero + 1 })),
    reset: () => set(() => ({ numero: 0 }))
}))

export default useStore
```

Bind di un componente

Una volta definito lo store, posso usarlo in un qualsiasi componente. Nel componente posso "recuperare" le funzioni che servono per alterare lo stato. Oppure i valori stessi che sono stati alterati. In questo snippet di codice ho creato un componente chiamato <Componente /> nel quale faccio il bind dello stato ed ottengo la funzione incrementa ed il valore del numero.

```
./app/Componente.tsx

import useStore from "./store"

export default function Componente() {
    const incrementa = useStore((state) =>
state.incrementa)
    const numero = useStore((state) => state.numero)

    return (
```

```
        <div className="card">
            <button onClick={incrementa}>incrementa
{numero}</button>
        </div>
    )
  }
```

Infine ho creato anche un bottone che resetta tutto quanto. Anche in questo caso ottengo un riferimento alla funzione reset presente dentro allo store zustand e la uso per riportare ad uno stato iniziale il valore "numero".

./app/Resetta.tsx

```
import useStore from "./store"
export default function Resetta() {
    const reset = useStore((state) => state.reset)
    return (
        <div className="card">
            <button onClick={reset}>reset</button>
        </div>
    )
}
```

Passaggio finale

Adesso assemblo tutto quanto nel componente App.

./app/App.tsx

```
import './App.css'

import IncrementaButton from './IncrementaButton'
import ResettaButton from './ResettaButton'

function App() {
  return (
    <>
      <IncrementaButton></IncrementaButton>
      <ResettaButton></ResettaButton>
    </>
  )
}
```

```
export default App
```

Conclusioni

Il risultato finale lo puoi vedere nella figura che segue. Come state manager zustand è davvero snello. Definire lo stato e le azioni per alterarlo è davvero semplice. Quello che hai visto è solo un modo di utilizzare zustand. Nel prossimo capitolo ti mostro come separare azioni e stato.

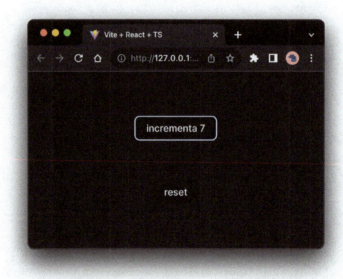

No store actions

Overview

Nel capitolo precedente ho creato self conained store, ovvero un container comprensivo di stato ed azioni da compiere sullo stesso. Esiste però una sintassi alternativa che promuove il code splitting e che mantiene le azioni separate dallo stato. Non ci sono svantaggi o vantaggi ad usare l'una o l'altra sintassi. Si tratta per lo più di una scelta di stile. Per prima cosa ti mostro il nuovo store completamente riscritto.

Estrarre le azioni

Da una parte avremo lo stato dell'applicazione. Dall'altra le azioni.

./app/store.tsx

```
import { create } from "zustand"

const useStore = create(() => ({
    numero: 0,
}))
```

```
export const inc = () => useStore.setState((state) => ({
numero: state.numero + 1 }))

export const reset = () => useStore.setState(() => ({
numero: 0 }))

export default useStore
```

Nei singoli componenti non si deve più usar un hook per richiamare una action. Nel caso del <ResettaButton /> richiamiamo direttamente il metodo reset esportato nel modulo.

./app/ResettaButton.tsx

```
import { reset } from "./store"

export default function ResettaButton() {
    return (
        <button onClick={reset}>resetta</button>
    )
}
```

Ultimo ma non meno importante, il bottone <IncrementaButton />. Lo store rimane per recuperare lo stato. La action invece viene importata direttamente dal file store.tsx.

./app/IncrementaButton.tsx

```
import useStore, { inc } from "./store"

export default function IncrementaButton() {
    const numero = useStore((state) => state.numero)

    return (
        <button onClick={inc}>incrementa
({numero})</button>
    )
}
```

Aggiornare lo stato

Overview

Quando si tratta di aggiornare lo stato basta seguire le indicazioni del capitolo precedente. Ma in questo capitolo invece voglio mostrarti che cosa bisogna fare per aggiornare lo stato quando è più complesso e tu vuoi aggiornare un valore, magari sempre un contatore, che si trova in una variabile interna dell'oggetto che rappresenta lo stato.

Il risultato finale è rappresentato da questa poco accattivante grafica che contiene, rispetto al capitolo precedente, diversi modi per aggiornare un valore annidato, ed il reset dello stesso.

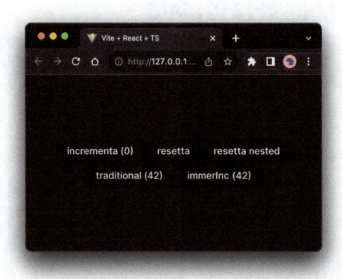

Un nuovo componente

Per mostrarti questo esempio ho pensato di creare un nuovo oggetto chiamato NestedValue che ho aggiunto nell'applicazione.

./src/App.tsx

```
import './App.css'
import IncrementaButton from './IncrementaButton'
import NestedValue from './NestedValue'
import ResettaButton from './ResettaButton'

function App() {
  return (
    <>
      <IncrementaButton></IncrementaButton>
      <ResettaButton></ResettaButton>
```

```
    <NestedValue></NestedValue>
   </>
  )
}

export default App
```

Il contenuto di questo nuovo componente mostra due bottoni. Il primo bottone incrementa un valore innestato secondo il metodo tradizionale. Il secondo sfrutta una libreria che si chiama immer e che nasce per semplificare l'aggiornamento di uno stato annidato. Immer si può usare con React, Redux ed ovviamente anche con Zustand.

./src/NestedValue.tsx

```
import useStore from "./store"

export default function NestedValue() {
    const value = useStore((state) =>
state.nested.value.here)
    const incNested = useStore((state) =>
state.incNested)
    const immerInc = useStore((state) => state.immerInc)

    return (
        <>
            <button onClick={incNested}>traditional
({value})</button>
            <button onClick={immerInc}>immerInc
({value})</button>
        </>
    )
}
```

In questo esempio aggiorno un contatore differente rispetto quello aggiornato nel capitolo precedente. Cosi come nel capitolo precedente c'era un bottone per resettare il contatore di click anche in questo caso ho pensato di aggiungere un bottone per il resed del valore nested.

./src/ResettaButton.tsx

```
import useStore from "./store"

export default function ResettaButton() {
    const resetta = useStore((state) => state.resetta)
    const resettaNested = useStore((state) =>
state.resettaNested)
    return (
        <>
            <button onClick={resetta}>resetta</button>
            <button onClick={resettaNested}>resetta
nested</button>
        </>
    )
}
```

Ultimo passaggio, ma non meno importante, è quello dell'aggiornamento dello stato. Ti mostro prima il metodo tradizionale, molto verboso e macchinoso.

./src/store.tsx

```
...
    nested: {
        value: {
            here: 42,
        },
    },
...
    incNested: () => set((state) => ({
        nested: {
        ... state.nested,
            value: {
                ... state.nested.value,
                here: state.nested.value.here + 1
            }
        }
    })),
...
```

Ed ora ti mostro che cosa ci permette di fare immer:

./src/store.tsx

```
...
    immerInc: () => set(produce((state) => {
++state.nested.value.here })),
...
```

Ed infine lo store completo.

./src/store.tsx

```
import { produce } from "immer"
import { create } from "zustand"

const useStore = create((set) => ({
    numero: 0,
    nested: {
        value: {
            here: 42,
        },
    },
    incrementa: () => set((state) => ({ numero:
state.numero + 1 })),
    incNested: () => set((state) => ({
        nested: {
        ... state.nested,
            value: {
                ... state.nested.value,
                here: state.nested.value.here + 1
            }
        }
    })),
    resettaNested: () => set((state) => ({
        nested: {
        ... state.nested,
            value: {
                ... state.nested.value,
                here: 0
            }
        }
    })),
    immerInc: () => set(produce((state) => {
++state.nested.value.here })),
    resetta: () => set(() => ({ numero: 0 }))
}))
export default useStore
```

Cosa deployare?

Abbiamo imparato a fare le nostre app. Grandi o piccole che siano, adesso vanno distribuite. Mentre sviluppiamo abbiamo un nostro server locale, ma cosa succede in realtà quando le vogliamo pubblicare su un server vero? Che cosa possiamo caricare via FTP, rsync o altro metodo di deploy? Vediamo tutto il ciclo di vita: creiamo l'app, e poi la mettiamo dentro un server.

App create con Vite

Questo penso sia il metodo più pratico e veloce per creare una nuova applicazione non solo React, ma anche Vue, Svelte ed altre. Il solo comando da lanciare è lo stesso che si vede nell'immagine e che passo passo può guidarti alla creazione di una nuova applicazione.

> Terminale
`npm create vite@latest`

App create con CRA

Per concentrarsi solamente sul deploy di un'applicazione creata con react. Ho pensato di ripartire dal principio. Quindi nel primo step di questo capitolo andremo a ricreare una nuova applicazione React. Ovviamente sostituisci <app-name> con il nome della tua app.

> Terminale

```
npx create-react-app <app-name>
```

Al termine della creazione della nostra nuova applicazione avremo una serie di informazioni. La nostra attenzione deve andare a finire proprio sulle ultime perché ci danno informazioni importanti su come si sviluppa con questa applicazione. Ho evidenziato tutti i comandi utili anche se quello che interessa a noi e' solo uno: npm run build.

> Terminale

```
Inside that directory, you can run several commands:

  npm start
    Starts the development server.

  npm run build
    Bundles the app into static files for production.

  npm test
    Starts the test runner.

  npm run eject
    Removes this tool and copies build dependencies,
configuration files
    and scripts into the app directory. If you do this,
you can't go back!

We suggest that you begin by typing:

  cd <app-name>
  npm start
```

```
Happy hacking!
```

Mentre sviluppiamo abbiamo un server. L'applicazione contiene di tutto e di più. Dobbiamo creare una versione per distribuirla.

Cosa caricare sul server

Quando si sviluppa ci sono un sacco di cose in più all'interno di un progetto. Ci sono dipendenze necessarie solo per lo sviluppo. Basta guardare il file package.json per capirlo. Questa applicazione non ha dipendenze legate allo sviluppo ma in un'applicazione reale potremmo avere avere anche pacchetti per formattare il codice. Strumenti come gulp, webpack. babel. La lista potrebbe essere davvero lunga. In produzione, tutti questi elementi vanno rimossi.

Un altro elemento da considerare è che mentre sviluppiamo il codice lo vediamo formattato per essere più comprensibile per noi esseri umani. Per questioni di spazio prima di essere deployato il codice potrebbe essere minificato. Tutto il codice adatto alla produzione in ogni caso finisce dentro alla cartella build. Dopo aver creato l'applicazione non avremo ancora questa cartella. La potremo vedere solo se prima è stato lanciato il comando per creare la build.

Tutto, e solo, quello che si trova dentro alla cartella build, comunque, è quello che deve essere caricato nel server. Che si tratti di un ftp, di un rsync o altro sistema di deploy. Il server di produzione sarà un apache piuttosto che un Nginx. Per evitare di mettere carne al fuoco con un docker come ho già fatto in un precedente capitolo. Ma l'operazione è fattibile anche con node stesso. Per questo esempio php si presta benissimo perché tutto quello che dobbiamo fare è lanciare il seguente comando.

> Terminale

```
php -S localhost:8888 -t build
```

Verrà lanciato il server built-in di php. E se poi noi andremo all'indirizzo http://localhost:8888 con il browser, vedremo questo output.

La stessa cosa accadrà se andremo a copiare il codice all'interno di un server.

Carica con ftp, rsync, ...

A questo punto il contenuto della cartella build può essere caricato sul server dove hai il tuo dominio. Accedendovi, vedrai il tuo codice React funzionante come quando lo testavi sulla tua macchina locale.

\<TypeScript /\>

TypeScript

Adesso che hai conosciuto react e la sintassi jsx, è arrivato il momento di passare a TypeScript. Ormai tutto quello che non è TypeScript è legacy. Questo perlomeno è quello che pensano tanti sviluppatori. Se ne devono conoscere le basi, ecco perché in questo libro si parla anche di TypeScript.

Due appunti veloci

Questa che segue non è una guida completa a TypeScript, ma un veloce riassunto che possa essere usato come veloce consultazione, se non lo hai mai visto, oppure una sorta di piccolo manuale da sfogliare per rinfrescare la memoria.

Installazione

Puoi installare una versione differente di TypeScript in ogni progetto. Oppure possiamo installarlo globalmente utilizzando "-g". Quasi certamente il comando avrà bisogno di essere lanciato con sudo se ti trovi in uno dei seguenti ambienti: Linux o MacOs.

```
npm install typescript -g
sudo npm install typescript -g
```

Una cosa davvero interessante è la possibilità di installare TypeScript all'interno di un progetto già esistente. Si può infatti installare il compilatore TypeScript con il seguente comando:

```
sudo npm i typescript
```

Il passo immediatamente successivo dovrebbe essere quello di configurare TypeScript. Ad esempio possiamo indicare il target, ovvero la versione di ecmascript in cui il nostro codice verrà convertito. La cartella di destinazione dove potremo trovare il codice ES6 generato. L'insieme dei path dei file TypeScript che dovranno essere convertiti.

```
tsconfig.json

{
  "include": ["**.ts"],
  "compilerOptions": {
```

```
    "target":"ES6 ",
    "outDir":"dist"
  }
}
```

Da Js a Ts

La primissima azione da compiere per passare da JavaScript a TypeScript è quella di rinominare un file da js a tsx. Potremmo anche accontentarci di questo, perché di fatto TypeScript è un superset di JavaScript e questo significa che qualsiasi codice JavaScript è anche codice TypeScript valido. Sicuramente però l'editor ci dirà che non sono specificati i tipi e ci mostrerà un sacco di errori a compile time.

Un secondo passaggio è quello di definire tutte le proprietà. TypeScript vuole conoscere il tipo di dato contenuto in una variabile o in una proprietà di un oggetto. La comodità di poter vedere errori altrimenti visibili solo in esecuzione è un vantaggio non da poco.

Tipi

I tipi di JavaScript

In JavaScript abbiamo i seguenti tipi di dato:

- String
- Boolean
- Number
- BigInt
- Null
- Undefined
- Symbol
- Object

JavaScript è un linguaggio debolmente tipizzato. Questo significa che possiamo assegnare alla stessa variabile dati di tipo diverso. L'esempio più semplice: viene assegnato ad una variabile un numero, prima, ed una stringa, poi. Ecco un esempio di codice JavaScript perfettamente legale, dove si inizia con una stringa, si passa per un oggetto e si finisce con una data.

```
let myVar = "Hello!"
myVar = { name : "Awesome" }
myVar.birthDate = new Date("2000-01-01")
```
In JavaScript le variabili sono debolmente tipizzate

Static vs dynamic typing

Semplificando molto, possiamo distinguere i linguaggi di programmazione in due macro categorie. Ovvero i linguaggi con tipizzazione forte ed i linguaggi con tipizzazione debole. Che caratteristiche hanno questi linguaggi? Quando si ha a che fare con un linguaggio a tipizzazione debole, o dinamica, le variabili possono assumere qualsiasi valore. Vale per JavaScript così come per altri linguaggi come ad esempio PHP. In JavaScript per esempio possiamo attaccare delle proprietà ad un oggetto semplicemente assegnando loro un valore. Se invece parliamo di tipizzazione statica, quando una variabile assume un valore, questo valore non può più cambiare.

```
let oggetto = { foo : "bar" }
oggetto.fizz = "buzz'
oggetto // { foo : "bar", fizz : "buzz" }
```
In JavaScript possiamo attaccare proprietà dinamicamente

Errori a compile time

Lasciare che una variabile possa assumere diversi tipi di valore può portare ad errori runtime. Con TypeScript invece questo non è consentito e se si prova a cambiare il tipo di dato si ha un errore a compile time (e non a runtime). Una tipizzazione statica consente anche di avere migliori strumenti per fare refactoring, per l'autocompletamento del codice.

```
let foo = 123 as number
foo = "ciaone" // questo codice non compila
```
Un codice che non compila in TypeScript

Definire i tipi di parametro

Prendiamo ad esempio la definizione di una funzione usando javascript. Per creare una funzione basta usare la parola chiave function seguita dal nome della funzione. Poi vengono le parentesi tonde che saranno vuote se non ci sono parametri, mentre conterranno un elenco di parole che saranno i nomi delle variabili che questa funzione si aspetta in ingresso. Ecco un esempio di funzione. Non vi è traccia di alcun tipo. Non vi sono nemmeno tipi di ritorno. Siamo di fronte ad un normalissimo codice JavaScript.

```
function fooBar(varName) {
    // do something
}
```

Ora proviamo a convertire la funzione in TypeScript. Con TypeScript possiamo indicare il tipo delle variabili in ingresso. Quelle che verranno passate come parametro. Possiamo anche definire se c'è un tipo di ritorno quindi dovremo tornare una variabile dello stesso tipo. Se diciamo ad esempio che la funzione deve restituire una stringa, il codice non potrà essere compilato fino a quando non sarà comparso un return che restituisce una variabile del tipo che ci si aspetta. Tutto questo è possibile perché abbiamo degli errori a compile time.

```
function fooBar(varName : string) : string {
  return 'some string'
}
```

Tipo di dato

Prima era necessario usare JsDoc. Con questo standard era possibile indicare con javascript il tipo di dato nei commenti.

```
/**
 * @param {number} contactId
 * @returns
 */
const number = "3000";
const PORT : number = "3000";
const PORT : number = 3000;
```

Anche se il tipo non viene indicato, TypeScript è in grado di riconoscerlo. Nella stragrande maggioranza dei casi il tipo viene indicato. Per indicare il tipo di dato si deve aggiungere alla destra del nome della variabile, il simbolo due punti seguito dal tipo.

```
let x = 5 // type inference: type is number
```

```
let x : number = 5
```

```
let x : boolean = false
```

```
let x : Date = new Date()
```

```
let x : any = 3;
```

```
let b : string = 43 as string;
```

Esiste anche la possibilità di indicare come tipo, ... "qualsiasi" tipo, indicando "any".

Type alias

Possiamo associare un nome ad un tipo. Ad esempio possiamo nuovamente definire il nome da usare per le variabili intere. Le operazioni che devi compiere sono almeno due. Per prima cosa devi definire il tipo con la sintassi "type keyword!" a sinistra dell'uguale. E questo sarà il nostro alias. Alla destra dell'uguale, avremo le indicazioni per il tipo. Può essere la combo di altri tipi. Possiamo anche definire i valori che possono essere assunti da un certo tipo di dato.

```
type ContactName = string
let nome : ContactName = 'Simone'
```

```
type Foo = Fizz & Bar
```

```
enum ContactStatus {
  Active = 'active', //0
  Inactive, // 1
  New // 2
}
type ContactStatus = "Active" | "Inactive" | "New"
```

@types

Per convenzione in TypeScript si creano dei pacchetti con prefisso @types per indicare le definizioni dei tipi di dato di framework che si vogliono usare all'interno di una applicazione TypeScript. Ad esempio se usiamo jquery, $.qualcosa verrà segnalato come errore dal compilatore. Con @types/jquery installato, invece, questi errori spariscono.

Programmazione ad oggetti

Enum

Stai per entrare un poco più nel vivo del linguaggio. In TypeScript hai le enumerazioni. Enum per gli amici. Si tratta di un tipo di dato che permette di associare tra loro una serie di costanti. Sono uno strumento che ti permette di lavorare in modo più leggibile.

```typescript
enum Giorni {
  Monday,
  Tuesday,
  Wednesday,
  Thursday,
  Friday,
  Saturday,
  Sunday
}

giorno = Giorni.Friday;
console.log(day); //4

switch (giorno) {
  case Giorni.Monday:
    console.log("Oggi è lunedì");
    break;
  case Giorni.Friday:
    console.log("Oggi è venerdì"); // stampa questo
    break;
  default:
    console.log("Oggi non è né lunedì né venerdì");
    break;
}
```

Un esempio di utilizzo delle enum

Interfacce

Adoro le interfacce di TypeScript. Ti permettono di definire tutte le proprietà di un certo tipo di dato custom. Puoi anche indicare se un dato e' o meno opzionale. Grazie al compilatore TypeScript se un oggetto non e' completamente definito, e' possibile riconoscere i campi mancanti in modo visivo anche dall'editor.

Nel prossimo riquadro vediamo un tipo di dato Categoria che ci permette di definire la gerarchia delle categorie all'interno della nostra applicazione.

```
interface Categoria {
  name: string,
  display: boolean,
  sottoCategorie: { name : string, display : boolean }[]
}
```

Grazie da una interfaccia puoi dichiarare una variabile di un tipo in questo modo:

```
let cat : Categoria = {
    name: "Categoria",
    display: true,
    sottoCategorie: [{
        name: "nome sotto categoria",
        display: false
    }]
}
```

Se un campo è opzionale puoi indicarlo con un punto interrogativo. In questo modo, mettendolo, l'editor non ti mostrerà alcun errore e potrai buildare il tuo codice.

```
interface Contact {
  id: number
  name: string
  birthDate? : Date
}
```

```
let primary : Contact = { id: 42, name: 'nominativo' }
```

Classi

Per convenzione si indicano i campi privati con un underscore. Non e' pero obbligatorio. Quindi ora sapete come interpretare un codice come il seguente:

```
class InventoryStore {
  get foo() { // properties
    return this._foo
  }
  constructor() {
    // _ indica che è privata
    // crea la prop se non esiste
    this._foo = []
  }
}

const is = new InventoryStore()
```

Un metodo ha accesso a tutta la classe. Puoi usare dei modificatori di accesso: puoi avere elementi pubblici , privati o protected.

```
class InventoryStore {
  private name : string
  private foo : string
}

const is = new InventoryStore()

is.name // makes error
```

non cambia il modo di far funzionare js, .. semplicemente si tratta di un superset che si assicura che il js risultante si comporti come vogliamo noi

Declaration merging

Con questo trucco è possibile definire un'interfaccia in più momenti. Magari per tenere il codice ordinato. In questo esempio ti mostro come Warriors viene definita due volte. Sotto, il ninja viene definito usando la stessa interfaccia Warriors che, completa, richiede tutti e tre i campi definiti poco prima.

```
interface Warriors {
  weapon : string
  skills : number
}

interface Warriors {
  name : string
}

let ninja : Warriors = {
  weapon: 'beretta'
  skills: 4,
  name: 'Simone',
}
```

Decorators

Un decoratore si scrive così: @authorize("ContactViewer"). Sono estensioni di una classe. Ne alterano infatti il comportamento. Si possono applicare ad un metodo, una classe o una proprieta. Ecco un esempio:

```
function authorize(target: any, property: string,
descriptor: PropertyDescriptor) {
  const wrapped = descriptor.value
  descriptor.value = function () {
    if (!currentUser.isAuthenticated()) {
      throw Error()
    }
    try {
      return wrapped.apply(this, arguments)
    } catch() {
```

```
    }
  }
}

class ContactRepository {
  private contacts: Contact[] = []
 @authorize("ContactViewer")
  getContactById(id: number): Contact | null {
  }
```

oppure

```
@Component({
  foo: 'bar',
  ciccio: 'pasticcio',
})
```

```
function messagePrint(target) {
  Object.definePRoperties(
    target.prototype,
    'server',
    { value: () => 'node server is running' })
  )
}

@messagePrint
export default class Message {
  name;
  constructor(name) {
    this.name = name
  }
}
```
rende messagePrint fruibile dentro Message

Moduli

Module JavaScript

JavaScript offre uno strumento estremamente interessante per quel che riguarda il riuso del codice. Con i moduli, infatti, è possibile collegare altri file JavaScript al file corrente e quindi di usare il codice anche in applicazioni diverse. In questo modo ogni file ha anche un proprio spazio di memoria. Non come avviene in altri linguaggi, come in php, dove una variabile inclusa in file importato, diventa visibile da tutti i file che lo importano.

index.html
```<script src="javascript-a.js"> <script src="javascript-b.js">```

Supponi di avere un modulo come questo. Non fa assolutamente nulla ma come esempio contiene quanto basta per dimostrare che stai passando dall'interno del modulo.

module.js
```function foo(moment) {   return moment }```
esempio di modulo

Puoi importarlo nella nostra applicazione in questo modo usando la parola chiave import.

app.js
```import { foo } from "./module.js"```

```
const bar = foo(new Date())
console.log(bar)
```

Ora puoi usare la nostra applicazione che fa uso di un modulo JavaScript in questo semplice modo.

```
<script type="module" src="app.js"></script>
```

Moduli in TypeScript

In TypeScript le cose non sono molto diverse.

utils.ts
```
export function formatDate(date) {
  return date.toLocaleDateString("en-US", {
    dateStyle: "medium"
  })
}
```

Anche qui hai un'applicazione che imposta file con import.

app.ts
```
import { formatDate } from './utils' // no extension for
local file

const formattedDate = formatDate(new Date())
console.log(formattedDate)
```

<Next.js />

Next.js 13

Per costruire una nuova applicazione completa, c'è bisogno di avere per le mani anche un server. Nelle pagine della documentazione di React, si consiglia caldamente di utilizzare un framework tra quelli disponibili dalla community. Next.js è uno di questi framework.

App-Router

Prima di ballare, ti porto a vedere alcune feature presenti all'interno di questo framework e ti faccio partire dal Router.

Feature	Novita
Routing	Nuovo router basato su file-system "build on to of Server Components". Supporta layout, nested routing, loading states, error handling ed altro ancora.
Rendering	Client Side Rendering CSR e Server Side Rendering (SSR). Ottimizzato per il rendering statico e dinamico.
Data fetching	E' stato semplificato il fetching dei dati tramite async/await.
Caching	Componente di caching ottimizzato per Server Components e client side navigation.
Optimisations	Migliorato Image Component con il lazy loading nativo dei browser. Nuovo componente Font Module con ottimizzazione automatica del font.
Transpilation	Trasposizione automatica e building delle dipendenze.
API	Aggiornato il design delle API
Tooling	Un tool basato su Rust che dovrebbe essere 700 volte più veloce di webpack.

Server Components

Così come React stesso cambia il modello di pensare ad una applicazione web, React Server Components introduce un nuovo modello mentale per costruire applicazioni ibride che rilasciano sia la componente server che la componente client. Invece di renderizzare una applicazione intera, React fornisce la flessibilità di scegliere dove deve essere reso un componente in base al suo scopo.

Prendiamo ad esempio una pagina in una nostra applicazione web. Se andiamo ad analizzare ci rendiamo conto che la maggior parte dei componenti non è interattiva e può essere resa lato server come Server Component. Per piccoli pezzi di UI possiamo pensare invece a Client Component. Che poi è l'approccio Next.js "server-first". Per rendere semplice questo passaggio i componenti sono di default nella cartella app.

Create Next.js app

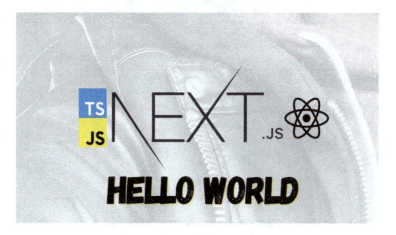

Per prima cosa bisogna assicurarsi che il nostro ambiente di sviluppo, che si tratti della nostra macchina o che si tratti di un container docker, rispetti qualche caratteristica di base. Ad esempio deve essere installata una versione node maggiore o uguale a 16.8. Inoltre dovremmo trovarci in un sistema operativo MacOS, Windows o Linux.

Per utilizzare la directory app, si può procedere con questa tipologia di installazione. Analogamente a CRA (create react app) qui usiamo create-next-app. L'installazione è molto semplice e si basa sul comando:

> Terminale
`npx create-next-app@latest -experimental-app`

Non c'è bisogno di specificare il supporto a TypeScript perché ora questo viene fornito di default. Per fare una installazione manuale, invece, possiamo procedere con questo secondo approccio alla creazione di una nuova applicazione:

```
> Terminale
```

```
npm install next@latest react@latest react-dom@latest
eslint-config-next@latest
```

Con questa installazione otteniamo un package.json molto semplice.

```
package.json
```

```json
{
  "dependencies": {
    "eslint-config-next": "13.3.0",
    "next": "13.3.0",
    "react": "18.2.0",
    "react-dom": "18.2.0"
  }
}
```

Come da documentazione, aggiungiamo qualche script per aggiungere diversi comandi utili per lo sviluppo. Così come in una applicazione React abbiamo gli step per testare, buildare e così via, qui abbiamo dei comandi che rispettivamente ci permettono di lanciare Next.js in modalità di sviluppo. Oppure ci consentono di buildare l'applicazione pronta per lo sviluppo. Poi possiamo lanciare il server di Next.js. Infine list, che imposta la configurazione built-it ESLint di Next.

```
package.json
```

```json
{
  "dependencies": {
    "eslint-config-next": "13.3.0",
    "next": "13.3.0",
    "react": "18.2.0",
    "react-dom": "18.2.0"
  },
  "scripts": {
    "dev": "next dev",
    "build": "next build",
    "start": "next start",
    "lint": "next lint"
  }
```

```
}
```

Nel prossimo step creiamo next.config.js nella root del nostro progetto e mettiamo dentro questo codice. Senza questo file di configurazione, quando si cercherà di lanciare l'applicazione, vedremo un errore. Essendo la cartella app sperimentale (almeno mentre scrivo) il suo utilizzo deve essere esplicitato.

next.config.js
```
/** @type {import('next').NextConfig} */
const nextConfig = {
  experimental: {
    appDir: true,
  },
};

module.exports = nextConfig;
```

Ora va creata una cartella app ed al suo interno vanno creati due files: layout.tsx e page.tsx. I file dovranno contenere questo codice:

app/layout.tsx
```
export default function RootLayout({ children }) {
  return (
    <html lang="en">
      <body>{children}</body>
    </html>
  );
}
```

app/page.tsx
```
export default function Page() {
  return <h1>Hello, Next.js!</h1>;
}
```

Se per caso dovessi dimenticarti di creare layout.tsx, Next lo farà per te quando lancerai il server di sviluppo utilizzando il comando "next dev".

Sono quasi emozionato perché sto per vedere per la prima volta Next.js. Nel prossimo passaggio lanceremo il server di sviluppo e vedremo l'aspetto di questo Next.js. Per quel che mi riguarda è la prima volta.

> Terminale
`npm run dev`

Se il comando non dovesse produrre alcun output, verifica che la tua versione di node sia corretta. Mentre scrivo, ad esempio, nel mio ambiente gira la versione 14.17 mentre quella necessaria è la 16.8. La prima volta che viene lanciato il comando verranno installate alcune dipendenze per lo sviluppo.

Se ora proviamo a modificare il file app/page.tsx, al salvataggio vedremo l'HRM in azione, che aggiornerà subito il contenuto della pagina web senza che noi si debba fare alcunché. Non abbiamo la stessa applicazione React. Qui ci troviamo ad avere un solo documento, spoglio. Senza alcuno stile. Però ora siamo pronti per iniziare sul serio.

Inutile dire che tutti questi passaggi sono fatti automaticamente usando create-react-app, cosa che ti consiglio di usare da qui in poi. Anche perché l'applicazione appena creata, per esempio, non ha il supporto a TypeScript ancora. Meglio usare quel tool piuttosto che fare tutto a meno. A meno che non serva per motivi di studio. Questi passaggi, infatti, ci sono stati utili per capire che cosa succede sotto al cofano di quel comando.

Ultimi aggiornamenti

Il componente App Router è stato introdotto dalla versione 13. Insieme a nuove funzionalità e convenzioni. Mentre leggo la documentazione è ancora una beta e le cose potrebbero essere leggermente diverse quando leggi questi righe. Ad esempio il supporto dei server components c'è di default. Gli shared components sono ancora work in progress. Streaming e Suspense sono supportati.

Il routing è quasi completamente supportato: Nested Layout, Dynamic Route Segments, Route Groups, Instant Loading States, Error Handling, Metadata, Link Component, useRouter, Parallel Routes ed altri. Mentre scrivo, sono ancora work in progress Conditional Routes ed Url hash.

Mentre scrivo questo paragrafo ho appena pubblicato il secondo video della serie su Next. Come si recita la tabella precedente rotte condizionali sono ancora in lavorazione.infatti non c'è ancora corrispondenza tra quello che vi ha scritto nella documentazione e quello che effettivamente accade. Qualcosa può ancora cambiare.

Rendering

Feature	Supported
Static Rendering	Default
Dynamic Rendering	Opt-in
Node.js (Serverless) Rendering	Default
Edge Rendering	Default
Node.js (Serverless) Streaming	Supported
Edge Streaming	Supported

Data Fetching

Static Site Generation	Default
Server-side Rendering	Opt-in
Incremental Static Regeneration	Opt-in
async/await in Server Components	Supported
Route Handlers	Supported
use() in Client Components	Supported
use(fetch()) in Client Components	Not implemented
cache()	Only with Server Components
Mutations	Temporary workaround

Optimizations

Feature	Supported
Images	Supported
Fonts	Supported
Scripts	Supported

Configuration

Feature	Supported

Internationalization	Supported
src Directory	Supported
TypeScript Plugin	Work in Progress
next.config.js options	Work in Progress
Static Export	Supported
Ejected Server	Work in Progress
Custom 404 Page	Supported

Other

Skip streaming for web crawlers	Work in Progress
Preview Mode	Work in Progress
Route Announcements	Supported
useReportWebVitals	Supported

Fundamentals

A partire dalla versione 13 di Next.js è stato introdotto App Router, basato sul React Server Components. Ecco una piccola guida di riferimento ai nuovi termini che bisogna conoscere per lavorare con le nuove convenzioni.

Tree: una convenzione per visualizzare la struttura gerarchica dei vari componenti. In figura è possibile vedere per esempio un albero con un padre, dei componenti figli, una struttura a cartelle e così via.

Subtree: trattasi di una parte del Tree. Dell'albero. Questa parte ha un inizio, una root, differente da quella dell'albero completo. E conseguentemente anche una fine differente.

Root: Il primo nodo di un albero o di un sottoalbero si chiama root. Radice.

Leaf: quando un nodo all'interno di un albero o di un sotto albero non ha figli, allora si parla di foglia.

URL Segment: parte di un URL, delimitata da slashes.

URL Path: parte di un url che viene dopo il dominio. Un URL Path è composto da uno o più URL Segment

La cartella app

Il router lavora in una nuova directory chiamata app. Dico nuova perché compare per la prima volta in questa versione di NextJs. Questa cartella si trova a fianco della cartella pages. Questa convivenza consentirà un'adozione incrementale della nuova architettura. Con architettura intendo struttura di cartelle. E' comunque possibile creare le rotte delle proprie applicazioni nella cartella dunque nella modalità che si preferisce. Personalmente non conosco la cartella pages quindi in questo testo parlerò solo ed esclusivamente di app. Va da sé che se abbiamo la stessa rotta gestita in entrambe le modalità NextJs non saprà che cosa fare e causerà un errore a build time.

Un componente creato all'interno della cartella app o di una sottocartella, è di default un Server Component. Questo per ragioni di performance anche perchè un server component è più performante di un Client Component. Se si preferisce usare un Client Component basta aggiungere "use client" in cima al file del componente.

Files dentro app

Le cartelle vengono utilizzate per definire le rotte ed ogni cartella corrisponde ad un segmento. Una rotta, quindi, e' composta da un path di cartelle annidate tra loro. In questo caso si parla di Nested Routers. Si parte dalla radice "/" che corrisponde alla cartella app, per poi scendere fino all'ultima foglia. In altri termini, app viene chiamata anche Root Segment. L'ultima foglia deve contenere un file page.tsx. I file vengono utilizzati per definire l'interfaccia grafica. L'ultimo segmento viene chiamato segmento foglia o Leaf Segment.

Files e gerarchia

L'interfaccia grafica, i componenti React, la UI insomma, vengono creati dentro ad una cartella, all'interno del file page.js. Possiamo usare anche l'estensione ".tsx". Ovviamente non possiamo usare tsx quando si tratta di un client componente. La presenza di questo file rende il path pubblico.

Il layout che fa da wrapper a quel contenuto invece si trova all'interno del file layout.tsx. Un file del genere può essere utilizzato per esempio all'interno di un gruppo di segmenti. Sempre che i segmenti abbiano necessità di avere il medesimo layout.

- route.tsx
- template.tsx

- loading.js UI per il segmento ed i suoi figli, wrappa una pagina o i suoi segmenti figli in un ReactSuspenceBoundary, mostrando il loading UI mentre vengono caricati
- error.js crea un errore UI per un segmento e per tutti i suoi figli wrappa tutto con un react error boundary
- global-error.js crea una UI che viene mostrata quando una funzione notFound viene lanciata con una rotta ...
- per tutti quest file si può usare js, jsx o tsx

Se stai realizzando un client component, non puoi usare, ad esempio, tsx come estensione, perché questa è una estensione per TS. Al contrario js è una estensione che puoi usare sia in componenti client che in componenti server. Infatti bisogna ricordare che i componenti sono di default server e se il tuo componente ha estensione js rimane component server.

Diversamente dalla cartella pages, che utilizza client side routing, il nuovo router all'interno della cartella app utilizza un routing server centrico. Questo server allinea server components ed il fetching dei dati nel server. In questo modo il client non deve scaricare una route map e la stessa richiesta del server components puo' essere utilizzata per cercare le rotte. Questa ottimizzazione vale per tutte le applicazioni. A beneficiarne sono soprattutto le applicazioni con un alto numero di segmenti. Quando un utente naviga in una nuova rotta, il browser non ricarica la pagina. L'url viene aggiornato e NextJs si limita a renderizzare il segmento che è stato modificato. Inoltre, quando un utente naviga per l'applicazione, il router memorizza il risultato di un server component nella memoria del client. La cache è divisa per segmenti. Questa fase indica che in alcuni casi la cache può essere riutilizzata migliorando le performance della pagina.

Se studiamo bene la composizione dei segmenti, andiamo ad agire anche sulle performance. Molti contenuti con un segmento padre in comune, potrebbero consentire di rendere una certa serie di pagine che rimanendo in cache potrebbero migliorare notevolmente l'esperienza utente.

Allo stesso modo se navighiamo in rotte che si trovano nello stesso segmento, Next.js non ricaricherà il layout ogni volta. Quando delle rotte condividono un layout, lo stesso layout sarà preservato per quando un utente navigherà tra pagine "sorelle". Questo in react viene chiamato partial rendering. Senza questo strumento, ogni cambio di contenuto significherebbe il caricamento completo della pagina lato server. Rendendo solo il segmento che sta aggiornando si riduce il carico di dati da trasmettere con un incredibile impatto sulle performance.

Routing patterns

Parallel routes: consente di mostrare due o più rotte nella stessa view, molto utile all'interno di una dashboard ove per esempio alcuni viste potrebbero avere una propria navigazione interna

Intercepting routes: consente di intercettare una rotta e di mostrarla nel contesto di un'altra rotta. Si potranno usare quando un contenuto è molto importante e la pagina corrente non deve essere cambiata del tutto. Ad esempio vedere tutti i task mentre si sta modificando uno di questi.

Conditional routes: consente di rendere in modo condizionale una rotta basata appunto su una condizione. Ad esempio, .. mostrare una pagina se e solo se la condizione "utente loggato" si è verificata.

Definire le rotte

Overview

Per farla breve una rotta è composta da segmenti. Si parte dalla rotta /, che rappresenta la home. Aggiungendo segmenti come ad esempio "/segmento" otteniamo una rotta un poco più complessa. Con NextJs possiamo creare una rotta con una cartella. Il nome della cartella, sarà il segmento della rotta.

Una rotta complessa, quindi, e' un insieme di cartelle annidate. Affinché una rotta sia effettivamente pubblica e quindi richiamabile da browser, deve contenere un file chiamato page.tsx. Questo verrà reso all'interno del layout corrispondente. Il layout è un file che si dentro la stessa cartella o in una cartella padre ed è un file con nome layout.tsx.

Quando è stata creata una applicazione conterrà soltanto un layout è una pagina. Questo layout sarà automaticamente un contenitore per tutti i figli (le pagine).

---

app/page.tsx

```
export default function Page() {
  return <h1>Hello, Next.js!</h1>;
}
```

Non tutte le cartelle, però, sono dei segmenti. Ad esempio se il nome della cartella è racchiuso tra parentesi tonde, non avremo a che fare con un segmento, ma con un gruppo di rotte. Quindi una cartella tra parentesi tonde non diventerà un segmento della rotta. In questo modo puoi anche avere lo stesso layout riciclato per tutte le rotte. Questo devo ammettere che è molto comodo. Puoi raggruppare tante pagine che devono somigliare tra loro, o che comunque hanno o devono avere delle caratteristiche in comune, all'interno di questo tipo di cartella.

Se vuoi puoi assegnare un layout ad un intero gruppo di pagine. Ad esempio puoi avere diverse pagine e la configurazione del profilo di un utente come ad esempio il setting, la gestione dei dati anagrafici,... Una di queste pagine può avere una cartella sé, ma tutte quante potrebbero far parte dello stesso gruppo.

Ricordati che ci sono anche le rotte del vecchio metodo, con pages. Non deve esistere la stessa rotta definita in entrambe le cartelle. In caso contrario si verificherebbe un errore.

Fino ad ora hai visto già due modi di nominare le cartelle dentro app. Senza caratteri speciali, quindi con soli caratteri alfanumerici, sono normali segmenti. Se il nome della cartella viene compreso tra parentesi tonde, si possono raggruppare semanticamente delle cartelle. A questi due si aggiunge un terzo modo di nominare una cartella, ovvero tra parentesi quadre singole.

Con le parentesi quadre puoi avere una situazione di questo tipo, dove questo particolare nome di cartella fa sì che il nome di quel segmento tra parentesi quadre, sia il nome una variabile passata come parametro alla pagina.

- /app/products/[toys]/page.js
- /products/foo →{ toys : 'foo' }

Puoi anche andare in cascata con più segmenti annidati tra loro. Volendo cercare di fare un esempio così al volo, puoi pensare ad una rotta /carrello, con l'ID dello stesso carrello e poi anche l'ID di un certo prodotto. Puoi passare tutti i valori che desideri.

- /app/products/[tic]/[tac]/[toe]/page.js
- /products/a/b/c →{ tic : 'a', tac : 'b', toe : 'c' }

Personalmente la cosa non mi fa impazzire. Questo forte legame tra cartelle "fisiche" e rotte mi fa pensare che spostare una rotta possa diventare complicato. Da un certo punto di vista però tutto questo è comprensibile, in fondo si sta sempre pensando alla rappresentazione di una pagina, quindi non certo senso del dom. É un po' come se un segmento sia l'equivalente di un certo elemento dell'albero della pagina web.

Ma torna un momento al perché questa gestione delle rotte non mi fa impazzire. Non mi fa impazzire perché in altri linguaggi o framework le rotte possono essere definite in fase di configurazione. C'è un forte disaccoppiamento al contrario di questa situazione. La classe/controller che risponde alla stessa rotta potrebbe risiedere ovunque. Se avessi bisogno di rifattorizzare il codice, in quei casi ci basterebbe spostare un file, che si porta dietro anche la propria configurazione. In questo caso puoi essere un po' vincolato.

Hai visto che con una parentesi quadra puoi indicare un parametro, ma puoi anche renderlo opzionale utilizzando due parentesi quadre. Inoltre puoi anche indicare i segmenti, che possono essere più di uno, utilizzando tre puntini. Nell'esempio che segue si vede una rotta prodotti con una sequenza infinita di parametri opzionali.

- app/products/[[...foo]]/page.js
- /products →{}
- /products/a →{ foo: ['a'] }
- /products/a/b →{ foo: ['a', 'b'] }

Volendo fare un breve riassunto le tipologie di rotte che si possono ottenere con Nextjs sono le seguenti:

- segmento
- (route groups)
- [segment]
- [...segments]
- [[...optional]]

Però nella documentazione la sequenza di segmenti dovrebbe essere passata alla pagina come una rete di segmenti mentre in tutte le mie prove viene restituita una stringa. Si tratta di una documentazione beta quindi immagino che ci sia qualche cosa ancora di potenzialmente in congruente. Oppure la documentazione è corretta e rappresenta il desiderata. Quello che ancora deve essere aggiornato è il codice di NextJs che deve ancora implementare tutto quel che serve.

Pagine e layout

Dalla versione 13 di questo framework puoi trovare un nuovo componente, si chiama App Router, che ha introdotto una nuova serie di convenzioni per creare pagine, template e layout condivisi. Lo hai già visto: una cartella, rappresenta un segmento della rotta che puoi caricare nel browser. La cartella può però anche avere nomi speciali che non fanno apparire il segmento ma raggruppano segmenti figli e tutta una serie di altre cose che hai visto nel capitolo precedente. Dentro ad ogni cartella puoi mettere dei file che in base al nome possono ricoprire particolari ruoli.

In questo capitolo affronterai proprio questi files, e cerco di spiegarti come li puoi utilizzare per giocare con App Router, ovvero

- page.tsx
- layout.tsx
- template.tsx
- metadata

Invece, per il momento, quelli che sono i fogli stile CSS nel contesto di questo framework fullstack, richiedono un capitolo a sé.

Partirai dalle pagine. Ogni rotta può avere una pagina. Una sola. Per creare questa pagina è sufficiente creare un file page.tsx dentro alla cartella. Questo file deve esportare un componente. La presenza di un file page.tsx rende il path pubblicamente accessibile. Una pagina é la foglia di un sottoalbero e la costruzione della pagina parte dalla foglia e risale fino alla radice. Poco fa ho detto che il file si chiama page.tsx ma va precisato che si possono usare anche le estensioni js o jsx. Di base una pagina é un server component. Se si vuole è possibile impostare la pagina come client component. Basta aggiungere lo statement 'use client' nella prima riga del documento.

```
app/page.tsx

export default function Page() {
  return <h1>Hello, Prossimo.js!</h1>;
}
```

Ora ti parlo di layout. Un layout é condiviso da più pagine. Tutte le pagine figlie lo ereditano. Hai visto poco fa che le pagine sono delle foglie di un sottoalbero. Ogni voglia viene wrappata, se presente, dal proprio layout. Questo a sua volta sarà wrappato, se presente, dal layout del padre. Avanti così fino ad arrivare al Root Layout ovvero il layout che si trova alla radice. In altre parole i layout sono annidati. Ogni layout accetta in ingresso una prop (children), nella quale variabile vengono resi i figli. Prima un layout figlio, se presente, poi una pagina. Al contrario di un Client Component possono anche estrapolare dei dati da un database, ma lo vedremo in un capitolo apposito. Ha la peculiarità di preservare lo stato. Significa che ad ogni cambio di pagina non viene reso nuovamente. Esiste un solo layout obbligatorio. Per quel che riguarda tutti gli altri segmenti, è possibile aggiungerlo a piacere, ma non è obbligatorio. Per realizzare un layout basta aggiungere un file chiamato proprio layout.tsx e far si che questo file esporti un componente. Non è importante quale sia il nome del componente. Di base un layout è un server side component, ma possono essere impostati come componenti client. Puoi utilizzare una qualsiasi estensione tra js, jsx e tsx, purché il file si chiami layout. Layout e pagine possono essere definiti insieme nella stessa cartella. Se vuoi applicare il medesimo layout in più segmenti, non devi fare altro che creare un gruppo. Nel gruppo creare un file layout.tsx. A quel punto tutti i segmenti figli saranno resi all'interno di quel layout.

app/layout.tsx

```
export default function DashboardLayout({
  children, // will be a page or nested layout
}: {
  children: React.ReactNode,
}) {
  return (
    <div id="dashboard-container">
      <nav></nav>
      {children}
    </div>
  );
}
```

Esiste un layout speciale che si chiama Root Layout. E' obbligatorio ed omettendo andremmo ad avere un errore di compilazione. Colgo la palla al balzo e mostro che cosa succede quando c'è un errore di questo genere. Next si "impossessa" della resa della pagina e mostra un messaggio di questo tipo dove viene spiegato esattamente come mai si è rotta l'applicazione.

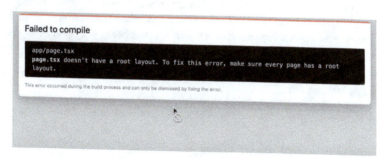

Essendo obbligatorio, di base è un layout che viene condiviso con tutte le pagine presenti nella nostra applicazione. Trattandosi del layout alla radice, è lui che deve necessariamente contenere html e body. Ovviamente si trova dentro alla cartella app. Si tratta come negli altri layout di un server component. Se necessario, anche questo può essere configurato per diventare un Client Component.

```
app/layout.tsx

export default function RootLayout({ children }: {
  children: React.ReactNode;
}) {
  return (
    <html lang="en">
      <body>{children}</body>
    </html>
  );
}
```

I template sono del tutto simili ai layout. La grossa differenza sta nel fatto che, mentre i layout mantengono lo Stato, il template non lo fanno. Viene infatti creata una nuova istanza del componente ogni volta che si naviga da qualche parte. Significa che proprio tutti gli elementi del DOM vengono creati ogni volta. Tutti gli effetti, ad esempio, sono sincronizzati nuovamente. Un esempio sono le animazioni di inizio ed uscita di un CSS. In generale le animazioni CSS sono affette da questa non persistenza dello Stato. Se ci ritroviamo davanti ad un elemento suspense questo verrà mostrato ogni volta. Per quanto ci siano dei casi in cui possa convenire utilizzare i template piuttosto che i layout l'utilizzo dei primi caldamente consigliato. Ultimo ma non meno importante, ed esattamente come i layout, un template riceve in ingresso una propria chiamata Children con tutti gli elementi figli.

```
app/template.tsx

export default function Template({ children }: {
  children: React.ReactNode
}) {
  return <div>{children}</div>;
}
```

Gli header possono essere modificati dentro alla cartella app. Lo stesso vale per gli elementi Title e Meta. Per tutte le faccende SEO. All'interno della pagina possiamo esportare un oggetto che verrà poi utilizzato per reindirizzare elementi come il titolo della pagina. Il Title si può mettere anche dentro al layout.

---

app/page.tsx

```
export const metadata = {
  title: 'Next.js'
};

export default function Page() {
  return '...'
}
```

Caricare css

Per inserire un css in pagina, è necessario fare un paio di cose. Prima di tutto bisogna includere dentro alla cartella app. In secondo luogo il file va importato dentro al layout. L'html generato include il tag <link /> e tutto il necessario per stilare le pagine html.

Linking & Navigating

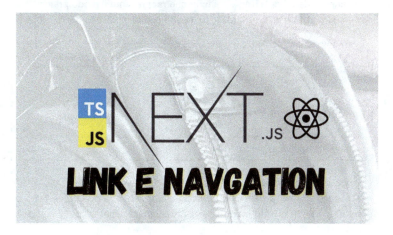

Sei quasi arrivato al giro di boa per quel che riguarda il routing con NextJs. Fino ad ora hai visto i fondamentali della definizione delle rotte ed i documenti che si trovano al loro interno. Questo, invece, è il capitolo che ti permette di affrontare il tema dei collegamenti tra le varie pagine. Ti permette di definire gli strumenti necessari a navigare di pagina in pagina.

Quando si naviga da un link all'altro in Next la navigazione mantiene lo stato lato client. Questo significa che il client si tiene in memoria tutto quello che vedi. Questo sistema di caching fa sì che il server venga sgravato di tanto lavoro e che venga interpellato solo se necessario.

I link si possono aggiungere in due modi. Il primo comprende l'utilizzo del componente <Link />. Il secondo comprende l'utilizzo dell'hook useRouter(). La documentazione si raccomanda di preferire <Link />. Ed io ti raccomando di seguire la documentazione.

Ti porto a vedere più da vicino il comportamento di questo <Link />. Si tratta di un componente molto interessante. Più o meno visto anche nella prima parte del libro, ma analizza meglio insieme a me che cosa succede quando ti trovi nel contesto di NextJs. Devo dire innanzitutto che estende il componente <a /> di HTML ed anche che rappresenta il modo principale di navigare tra una pagina e l'altra. Te lo mostro subito in azione:

---

app/page.tsx

```
import Link from 'next/link';

export default function Page() {
  return <Link href="/dashboard">Dashboard</a>
}
```

un esempio di utilizzo di <Link />

Un modo per comporre un link è quello di usare i template literals. Se non sai che cosa sono, vai a dare uno sguardo al capitolo che parla di JavaScript dove ne parlo. In questo modo se hai dei segmenti dinamici puoi costruire i link al volo.

---

app/blog/PostList.jsx

```
import Link from 'next/link';

export default function PostList({ posts }) {
  return (
    <ul>
      {posts.map((post) => (
        <li key={post.id}>
          <Link href={`/blog/${post.slug}`}>
            {post.title}
          </Link>
        </li>
      ))}
    </ul>
  );
}
```

Un altro modo di navigare tra le varie pagine è quello di utilizzare un hook. Questo hook si chiama useRoute(). La particolarità di questo hook è che ci mette a disposizione due metodi: .push() e .refresh(). Nel primo caso prima di mostrare la pagina si cerca il suo contenuto nella cache. Nel secondo caso invece la cache viene invalidata.

---

app/page.tsx

```tsx
'use client';

import { useRouter } from 'next/navigation';

export default function Page() {
  const router = useRouter();

  return (
    <button
      type="button"
      onClick={() => router.push('/dashboard')}>
      Dashboard
    </button>
  );
}
```

Nell'esempio qui sopra, prima di caricare la nuova pagina si controlla nella cache. Con questa modifica la cache viene invalidata ogni volta.

---

app/page.tsx

```tsx
'use client';

import { useRouter } from 'next/navigation';

export default function Page() {
  const router = useRouter();

  return (
    <button
      type="button"
      onClick={() => {
        router.refresh()
        router.push('/dashboard')
      }>
      Dashboard
    </button>
  );
}
```

Ti mostro ora i singoli passaggi che avvengono durante un cambio di pagina quando si tratta di NextJs.

1. una transizione inizia usando <Link /> o router.push()
2. il router aggiorna l'url nella barra degli indirizzi
3. il router riusa i segmenti che non sono cambiati
a. shared layout
b. cache lato client
4. se possibile si carica la pagina dal client in caso contrario viene fatta una chiamata al server
5. la pagina rimane quindi in attesa di caricare i contenuti
6. il router mostra il contenuto in cache o quello nuovo al client

La cache di questo router risiede nella memoria. Quando un componente Server Component, il suo risultato viene mantenuto in memoria. Questo avviene per ogni segmento. E' possibile invalidare la cache in due modi. Quello dello hook lo abbiamo già visto. Se stiamo usando <Link /> per cambiare la pagina, possiamo disabilitare la cache usando prefetch. Il precedente codice cambia in questo modo:

```
app/page.tsx

export default function Page() {
  return (
    <Link prefetch={false}>Dashboard</Link>
  );
}
```

Se si utilizza il componente <Link /> il prefetching avviene in automatico ed in background prima del caricamento. Il contenuto viene salvato nella cache in memory del client. Grazie a questo meccanismo in router riesce a fornire il contenuto quasi all'istante. Quando una rotta è statica tutti i payload dei componenti server sono precaricati. Quando la rotta è dinamica, il payload del primo shared layout viene precaricato. Prefetch può essere usato solo in produzione.

Ci sono tre tipologie di navigazione. Hard navigation: invalida la cache e viene ricaricato quello che è modificato dall'ultima volta. Soft navigation: viene usata la cache, se esiste, nessuna richiesta viene fatta al server. Conditions for soft navigation /foo/[bar]/* viene invalidato solo quando [bar] cambia.

Route groups

Overview

Nei capitoli precedenti hai visto come si naviga da una pagina all'altra all'interno di una applicazione NextJs. Hai imparato che cosa si intende per soft navigation o hard navigation. Soprattutto hai visto come ad una URL corrisponda una cartella, o cartelle, nel file system. Hai anche visto che per rendere pubblica, e quindi raggiungibile dal browser, una URL, bisogna aggiungere il file page.tsx.

Ora dovremmo provare ad immaginare un'applicazione con almeno tre rotte diverse. Una rotta con un proprio layout ed altre due rotte con dei layout identici. Puoi raggruppare due rotte con il layout uguale in un'unica cartella. Facendo in questo modo però avremmo un segmento in più e la rotta, a meno che questa cartella non abbia un valore alfanumerico compreso tra parentesi tonde. Infatti, questo genere di segmento non va ad alterare la rotta. Quello che hai appena creato un gruppo di notte. La dove ci sono più rotte con lo stesso layout, puoi creare un gruppo di rotte ed assegnare a quel gruppo layout che vada bene per tutti i segmenti figli.

Proprio nel capitolo precedente, veniva affrontato il problema del soft navigation e dell'hard navigation. Ma in questo caso avere un gruppo incide sull'uno o sull'altro tipo di navigazione? Ebbene sì perché se hai dei gruppi direttamente all'interno della cartella app, quando si naviga da una pagina all'altra hai più root layout e questo comporta l'intero caricamento della pagina.

---

app/layout.tsx

```tsx
import Link from "next/link"
import React from "react"

export const metadata = {
    title: 'next || 005 || route groups'
}

export default function RootLayout({ children }) {
    return (
        <html lang="en">
            <body>
                <h1>Route groups</h1>
                <ul>
                    <li><Link href="/">Home</Link></li>
                    <li><Link
href="/blog">Blog</Link></li>
                    <li><Link
href="/contatti">Contatti</Link></li>
                </ul>
                <div id="main-root">{children}</div>
            </body>
        </html>
    )
}
```

---

app/(primo)/layout.tsx

```tsx
import Link from "next/link"
import React from "react"

export const metadata = {
    title: 'next || 005 || route groups'
}
```

```
export default function RootLayout({ children }) {
   return (
       <html lang="en">
           <body>
               <h1>Route groups</h1>
               <ul>
                   <li><Link href="/">Home</Link></li>
                   <li><Link
href="/blog">Blog</Link></li>
                   <li><Link
href="/contatti">Contatti</Link></li>
               </ul>
               <div id="primo-root">{children}</div>
           </body>
       </html>
   )
}
```

app/page.tsx

```
import React from "react";

export default function Page() {
   return <React.Fragment>
       <h2>Home</h2>
   </React.Fragment>
}
```

app/(primo)/contatti/page.tsx

```
import React from "react";

export default function Page() {
   return <React.Fragment>
       <h2>Contatti</h2>
   </React.Fragment>
}
```

app/(primo)/blog/page.tsx

```
import React from "react";
```

```
export default function Page() {
    return <React.Fragment>
        <h2>Blog</h2>
    </React.Fragment>
}
```

Se hai dei gruppi nella root non devi dimenticare che almeno un root layout deve sempre esserci.

Dynamic Routes

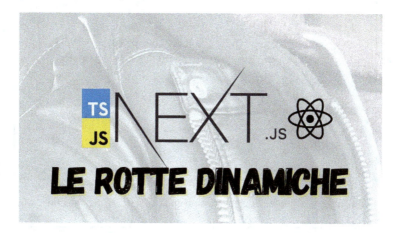

Overview

Proviamo a calarci per un momento nello scenario in cui abbiamo a che fare con un blog. Tutti i post saranno raggiungibili dalla rotta /blog/{slug}. Questa tipologia di rotta ha bisogno di un segmento dinamico. Per ottenere un segmento dinamico bisogna prima di tutto usare una cartella. Bisogna assegnarle un nome. Infine bisogna mettere il nome della cartella tra parentesi quadre.

Segmento dinamico

Per iniziare andiamo a disegnare quello che sarà l'entry point della nostra piccola applicazione di esempio.

```
app/layout.tsx

import React from "react"

export const metadata = {
    title: 'next || 006 || dynamic routes'
}

export default function RootLayout({ children }) {
    return (
        <html lang="en">
            <body>
                <h1>Dynamic routes</h1>
                <div id="main-root">{children}</div>
            </body>
        </html>
    )
}
```

Ci troviamo nella home, e quindi creiamo una prima bozza di homepage.

```
app/page.tsx

import React from "react";

export default function Page() {
    return <React.Fragment>
        <h2>Home</h2>
    </React.Fragment>
}
```

Così come abbiamo visto nell'uso del componente <Link /> ci sia la possibilità di fare prefetching delle pagine, allora qui bisogna dire che un segmento dinamico può essere creato al tempo della richiesta, oppure può esserci prerendering durante la build. In questo secondo caso avremmo certamente un incremento delle performance della pagina.

La sintassi usata poco fa, /blog/{slug} è una sintassi "inventata". Usando React, e la cartella app, allora il nostro file system dovrebbe avere questo path e questo file: app/blog/[slug]/page.js ed in questo caso il segmento dinamico è proprio la parte [slug]

```
app/blog/[slug]/page.tsx
```
```
export default function Page({ params }) {
  return <div>My Post</div>;
}
```

Se usiamo generateStaticParams ed al suo interno fetch per caricare dati da una API, noteremo che più richieste della stessa url, intendo con lo stesso valore per il nostro parametro dinamico, non vengono eseguite due volte e si fa un buon uso della cache. Questo evita di fare la stessa chiamata se il contenuto si trova già caricato nella cache.

```
app/blog/[slug]/page.tsx
```
```
export async function generateStaticParams() {
  const posts = await
fetch('https://.../posts').then((res) => res.json());

  return posts.map((post) => ({
    slug: post.slug,
  }));
}
```

Segmento catch-all

Se non abbiamo un solo elemento dinamico, ma una serie consecutiva di elementi di questo tipo, possiamo usare i "catch-all segments". Al posto del solo nome tra parentesi quadre per indicare un segmento dinamico, dobbiamo aggiungere tre punti prima del nome della cartella. Facciamo qualche esempio:

- app/shop/[...slug]/page.tsx risponde anche a rotte /shop/ciao/mondo ma anche /shop/a/b/c/d/e/f

Catch-all opzionale

Se questo segmento deve essere dinamico, dobbiamo usare doppie parentesi quadre. Dovremo chiamare il segmento [[...nomeCartella]].

Se stiamo usando TypeScript, possiamo anche indicare il tipo di parametro che si trova tra quadre.

---

app/blog/[slug]/page.tsx

```
export default function Page({ params }: { params: {
slug: string } }) {
  return <h1>My Page</h1>;
}
```

Anche in questo caso, ecco alcuni esempi.

- app/blog/[slug]/page.js { slug : string }
- app/shop/[...slug]/page.js { slug : string[] }
- app/[cat]/[id]/page.js { cat : string, id : string }

---

app/blog/[slug]/page.tsx

```
import React from "react";

export default function Page({ params }) {
  return <React.Fragment>
      <h2>My Post</h2>
      <div className="slug">{params.slug }</div>
    </React.Fragment>
}
```

Loading UI and Streaming

Overview

Dentro ad ogni cartella, lo sappiamo, ci sono diversi file con dei nomi speciali. Due di questi li conosciamo molto bene: parlo di layout e page. In base al nome di questi file Next.js riesce a capire quali compiti all'interno del segmento in cui si trovano devono essere svolti. Un altro nome speciale che questi file possono assumere e loadings.ts. Nel capitolo dedicato a <Suspense /> abbiamo visto come sia possibile indicare nell'attributo fallback di questo componente cosa mostrare in attesa che il vero contenuto sia stato caricato. Il file loading funziona allo stesso modo. Quello che viene restituito dal componente che si trova all'interno di loading.tsx equivale al valore che verrebbe passato a fallback di <Suspense />. Viene wrappato li figlio che viene mostrato solo quando completamente reso dal server. In attesa possiamo mostrare un testo sostitutivo, lo scheletro della grafica, uno spinner o quello che preferiamo. Il tutto è necessario per fornire l'esperienza utente migliore possibile. Tutto per evitare che l'utente rimanga in attesa senza avere alcun feedback dalla pagina.

Quello che ci serve per realizzare un piccolo esempio che ci permetta di vedere dal vivo come si comporta questo framework nel caso in cui vi siano delle pagine web che rispondono un po' lentamente, è un piccolo server. Per mia semplicità ho realizzato questo server con PHP. la pagina che vado a realizzare attende un secondo e poi restituisce un json.

server/index.php

```php
<?php

header('Access-Control-Allow-Origin:
http://localhost:3000');

sleep(1);

echo json_encode([
    'foo' => 'doooo',
]);
```

Stati

Il contenuto del file viene mostrato una volta che si richiama il segmento che lo contiene. Il fatto che vi sia un componente che viene mostrato subito, consente una migliore user Experience. Il contenuto di questo file si mette in mezzo tra i file layout e page. Il caricamento del contenuto di questo file è immediato e si verifica non appena si clicca nel link. Se decidiamo di andare in un altro segmento, non dobbiamo per forza aspettare che il contenuto del segmento richiesto in precedenza con loading sia stato caricato.

Cosa molto importante, ... loading deve contenere "use client" per indicare che è un client component e non un server component. E' anche abbastanza logico: questo componente deve essere reso immediatamente, solo successivamente la chiamata al contenuto asincrono può essere richiesta.

app/dashboard/loading.tsx

```tsx
'use client'
```

```
import React, {Suspense} from "react";

export default function Page() {
    return <div>loading ..... </div>
}
```

Streaming

Se non si vuole utilizzare il file è possibile comunque inserire <Suspense /> manualmente. Bisogna però tenere conto di alcuni aspetti del server side rendering.di seguito un elenco dei passaggi che devono essere completati in quanto sono bloccanti.

1. tutti i dati devono essere stati caricati
2. li server renderizza la paga html
3. html css sono mandati al client
4. una interfaccia non interattiva e' mostrata
5. react idrata la pagina per renderla interattiva

Tutti i passaggi sono bloccanti. Ad esempio il server non può rendere HTML e CSS se non prima di aver caricato tutti quanti i dati lato server. Dopo che i documenti HTML e CSS sono stati inviati al client questo avrà un interfaccia non ancora interattiva. Sono nel quinto ed ultimo passaggio React idraterà la pagina per renderla interattiva. Questa struttura ottimizza le performance. Lo streaming consente in effetti di spezzettare la pagina in piccoli chunk ciascuno di questi può anche essere caricato progressivamente. Alcune parti della pagina, alcuni chunk, potranno essere caricate prima di altre.

Example

Nell'esempio che segue si vede come suspense wrappi un componente che esegue un'azione asincrona come ad esempio una fetch. Viene Mostrato un feedback tipo Skeleton o spinner. Una volta caricato tutto quanto viene swappato il contenuto del feedback con il contenuto del componente che effettivamente ci vuole caricare nella pagina.

```
app/dashboard/page.tsx
```

```
import { Suspense } from 'react';
import { PostFeed, Weather } from './Components';

export default function Posts() {
  return (
    <section>
      <Suspense fallback={<p>Loading feed...</p>}>
        <Foo />
      </Suspense>
      <Suspense fallback={<p>Loading weather...</p>}>
        <Bar />
      </Suspense>
    </section>
  );
}
```

Utilizzando suspense hai diversi benefici. Uno streaming server rendering progressivo html dal server al client. Una idratazione selettiva. React infatti decide da solo quali componenti renderizzare prima di altri.

Da un esperimento che ho fatto con il mio server php, posso dire che Suspense, almeno per ora, carica i contenuti in sequenza e non in parallelo. Magari mi sono perso una configurazione, ma mi aspettavo un comportamento di default molto più fluido. Come si vede da questo esempio, tre blocchi vengono caricati consecutivamente.

Da notare che la pagina si chiama Jsx perché fa uso di componenti non presenti in TypeScript. Se per caso avevi gia usato come estensione jsx non

non hai di sicuro notato questo errore:

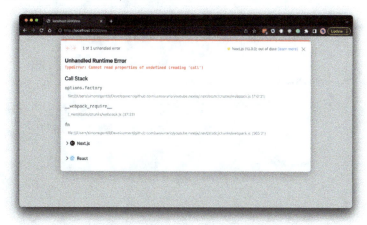

Che si risolve, appunto, semplicemente rinominando il file in jsx.

---

app/sss/page.jsx

```
'use client'

import React, {Suspense} from "react";
import Foo from "./Foo";
import Bar from "./Bar";

export default function Page() {
    return <>
        <h2>Loading UI and Streaming</h2>
        <Suspense fallback={<div>loading</div>}>
          <Foo />
        </Suspense>
        <Suspense fallback={<div>loading</div>}>
          <Bar />
        </Suspense>
        <Suspense fallback={<div>loading</div>}>
          <Foo />
        </Suspense>
    </>
}
```

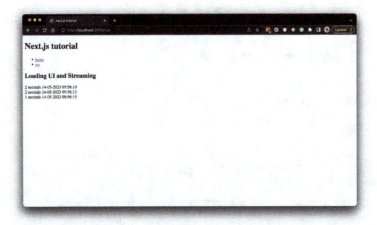

Seo

Next attende che generateMetadata sia stato caricato prima di partire con lo streaming. Questo fa sì che la prima cosa caricata sia la componente contenuta nel tag <head /> ed essendo server side rendered, non impatta il seo.

Error handling

Overview

Quando si vuole gestire manualmente un errore e prenderne il controllo si deve fare ricorso ad un file speciale che si chiama error.js o error.jsx. Non puoi usare un file con estensione .tsx perché si tratta di un componente che deve essere eseguito lato client e fa uso di componenti jsx. Questo componente, come accade con layout e page, deve restituire un componente.

Ogni elemento page, viene wrappato. In questo modo il segmento a cui fa riferimento e tutti i suoi figli entrano dentro l'abbraccio di un react error boundary. Quello che viene messo dentro al componente reso dentro error.jsx viene poi usato come fallback all'interno del boundary.

Questo ci permette di creare un messaggio di errore personalizzato. Un messaggio su misura per il segmento specifico cui è destinato. L'errore viene isolato dal resto dell'applicazione. Per fare tutto questo basta aggiungere un file error.jsx dentro ad un segmento.

```
app/dashboard/error.tsx
```

```tsx
'use client'; // Error components must be Client
Components

import { useEffect } from 'react';

export default function Error({
  error,
  reset,
}: {
  error: Error;
  reset: () => void;
}) {
  useEffect(() => {
    // Log the error to an error reporting service
    console.error(error);
  }, [error]);

  return (
    <div>
      <h2>Something went wrong!</h2>
      <button
        onClick={
          // Attempt to recover by trying to re-render
the segment
          () => reset()
        }
      >
        Try again
      </button>
    </div>
  );
}
```

Come funziona

Hai già visto il componente, anzi l'approccio, React Error Boundary. Questo componente mostra il componente che viene passato nel parametro fallback. Nel caso di NextJs il componente che viene passato è proprio quello che viene reso nel documento error.jsx. Questo componente verrà mostrato qualora si verifichi un errore.

Quando un errore viene scatenato in un componente, viene contenuto ed il componente di fallback prende il suo posto. Fino a quando l'errore è attivo, viene mostrato il layout. Mentre il layout rimane visibile, il componente che si trova dentro al file error.jsx viene mostrato. Questo componente riceve in ingresso una funzione che ci permette di rimettere le cose a posto. Ti mostro ora, nel capitolo che segue come puoi in concreto correggere l'errore.

Correggere l'errore

Le cause di un errore possono essere temporanee. Nel codice che segue allora ho messo un bottone con label "try again". Questo perché voglio che, se capita un errore, questo venga rimpiazzato da un bottone che ci permetta di settare la situazione. Quando l'errore non risulta più attivo, non verrà reso più il contenuto del file error.jsx, ma quello del file page.tsx.

app/dashboard/error.tsx

```
'use client';

export default function Error({
  error,
  reset,
}) {
  return (
    <div>
      <h2>Something went wrong!</h2>
      <button onClick={() => reset()}>Try again</button>
    </div>
  );
}
```

Ovviamente questo è un modo triviale di scatenare un errore. Nella realtà avremmo qualche cosa di molto più complesso.

Rotte annidate

In un'applicazione nextjs ci possono essere più segmenti. Sia il segmento padre che il segmento figlio possono contenere un errore. Vale sia per page che per layout. La struttura dei segmenti va ad impattare sulla gestione degli errori. Devi sapere che error cattura solo i figli, quindi da qui puoi capire che se vuoi catturare un errore nel layout di questo segmento, devi inserire error.jsx nel segmento superiore. Questo però comporta l'introduzione di nuovi scenari, come ad esempio il caso della cartella app. Non esiste un segmento superiore in questo caso. Come puoi risolvere la situazione?

Livelli di errore

Ho già detto e lo ribadisco, un componente che si trova dentro al file error.jsx cattura solamente gli errori dei figli. Quindi elementi page del segmento corrente e layout e potage degli elementi figli e così via. Questo discorso vale anche per il template.jsx. Anche questo file purtroppo non ha modo di essere oggetto di error.js se quest'ultimo si trova nello stesso segmento. Anche in questo caso devi desiderare di avere un error nel segmento padre.

Il Root layout non ha un padre. Quello che puoi fare però è usare un errore speciale: il global -error. Si tratta di una variante di error.js. global-error infatti wrappa trutta quanta l'applicazione. In questo caso il fallback rimpiazza il layout di root, quindi deve contenere anche gli elementi html e body.

E' come se avessimo un super layout che viene mostrato quando si verificano degli errori. Rimane comunque la buona pratica di usare sempre un file error.js perchè questo ci permette di avere il controllo del layout attorno all'errore che si e' verificato, consentendoci di fornire all'utente un'esperienza utente decisamente superiore.

---

app/global-error.tsx

```
'use client';
```

```
export default function GlobalError({
  error,
  reset,
}) {
  return (
    <html>
      <body>
        <h2>Something went wrong!</h2>
        <button onClick={() => reset()}>Try
again</button>
      </body>
    </html>
  );
}
```
resetta l'errore e fa come se nulla fosse successo

Parallel routes

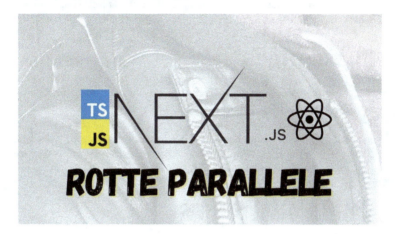

Overview

Fino ad ora abbiamo detto che dentro ad un segmento possiamo avere una sola pagina. O meglio, ... un solo page.jsx. Ma non abbiamo mai detto che in un layout se vogliamo possiamo rendere più pagine nello stesso momento. Possiamo rendere più pagine una alla volta. Tutte insieme. Solo una parte. Possiamo in pratica fare un po quello che vogliamo. Possiamo rendere una pagina se si verifica ad esempio una certa condizione. Insomma, ... possiamo avere parecchio controllo.

Uno scenario tipico dove una feature come questa può fare al caso nostro, è lo sviluppo di un software con una dashboard oppure siti ad alto contenuto social. Pensiamo anche ad un tool con un feed da una parte che mostra i task svolti e dall'altra altri contenuti come ad esempio la lista delle cose ancora da fare. Potremmo rendere ogni parte nello stesso momento. Oppure potremmo renderla in momenti separati a seconda della UX che vogliamo realizzare. Possiamo addirittura gestire gli errori in pagine separate. Ma nello stesso layout.

Veniamo però al dunque ed alla definizione: quando abbiamo a che fare con questi contesti, ... abbiamo a che fare con gli slot. Gli slot, sono le nostre pagine "multiple" dentro ad un layout.

Convenzione

Le parallel routes si possono realizzare utilizzando dei contenitori chiamati slot. Sono definiti nella forma di una cartella il cui nome inizia per @. A differenza di un segmento, non vanno a prendere parte alla composizione di una rotta. app/@foo quindi continuerà a corrispondere alla rotta /. Di fatto @foo e' uno slot di app/. Si trovano quindi nello stesso segmento di layout e page. Page e layout si trovano allo stesso livello dei relativi slot.

Conditional routes

Adesso seguimi mentre tento di fare un esempio concreto con due slug. In questo caso immaginati davanti ad una applicazione con una dashboard generica. L'utente dovrà poter visualizzare lo slot con la login se non sarà autenticato, mentre dovrà visualizzare la dashboard in caso contrario. Se login e dashboard sono due slot, puoi mostrare l'uno o l'altro sulla base a seconda dello stato dell'utente. Questo e' solo uno scenario possibile.

```
app/layout./tsx

import { getUser } from '@/lib/auth';

export default function Layout({ params, dashboard, login
}) {
   const isLoggedIn = getUser();
   return isLoggedIn ? dashboard : login;
}
```

Route handler

Overview

Innanzi tutto vado a dire che, così come page.jsx va a rendere pubblica una rotta legata ad un segmento, analogamente route.jsx fa lo stesso ma in maniera leggermente diversa. Nel primo caso hai delle rotte pubbliche che rendono una pagina web. Nel secondo caso hai delle rotte pubbliche che però rendono semplicemente un json. Altra cosa: mentre le pagine rispondono sempre e soltanto a chiamare GET, le route possono rispondere a differenti metodi HTTP. Così come per i segmenti legati alle pagine, anche queste rotte possono essere annidate. Se vengono chiamate delle rotte con il metodo HTTP non predisposto per essere trattato, chiamando il segmento con il metodo HTTP sbagliato si otterrà come risposta una 405.

Esempio

Questo è un esempio che molto facilmente ci fa capire che route handler altro non è che una risposta json, in questo caso. Non rispondi, quindi, con un contenuto html ma rispondi ad una chiamata esattamente come se fossimo una api. Anzi, forse sarebbe corretto dire che qui stai proprio rispondendo alla parte api della nostra applicazione. Non vai a ritornare, quindi, un componenti creati con jsx. Qui ritorni un dato.

In questo caso hai una GET. Potremmo avere una POST per il controllo della username e della password e quindi potremmo restituire un token di accesso all'utente, ... e così via.

---

app/route.jsx

```jsx
import { NextResponse } from "next/server";

export async function GET() {
    return NextResponse.json({
        foo: 'bar'
    })
}
```

esempio di risposta

Cookies

Ecco come si possono recuperare i cookie in un file route.tsx

./route.tsx

```tsx
import { cookies } from 'next/headers';

export async function GET(request: Request) {
  const cookieStore = cookies();
  const token = cookieStore.get('token');

  return new Response('Hello, Next.js!', {
    status: 200,
    headers: { 'Set-Cookie': `token=${token}` },
```

```
  });
}
```
```
esempio con i cookie
```

Redirect

```
import { redirect } from 'next/navigation';

export async function GET(request: Request) {
  redirect('https://nextjs.org/');
}
```

Request body

```
import { NextResponse } from 'next/server';
 export async function POST(request: Request) {
  const res = await request.json();
  return NextResponse.json({ res });
}
```

CORS

CORS (acronimo di Cross-Origin Resource Sharing) è un sistema di sicurezza
che consente di richiedere delle risorse da una pagina web ad un altro
dominio esterno rispetto al richiedente.

```
export async function GET(request: Request) {
  return new Response('Hello, Next.js!', {
    status: 200,
    headers: {
```

```
     'Access-Control-Allow-Origin': '*',
     'Access-Control-Allow-Methods': 'GET, POST, PUT,
DELETE, OPTIONS',
     'Access-Control-Allow-Headers': 'Content-Type,
Authorization',
   },
  });
}
```

Middlewares

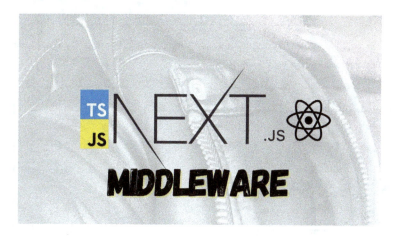

Overview

Fino ad ora abbiamo visto come far sì che un segmento diventi una rotta pubblica. Poi abbiamo visto come gestire i layout delle pagine. Come gestire gli errori. Quindi come gestire anche le rotte parallele. Adesso vediamo come si gestiscono i middleware. Vediamo di che si tratta.

Un middleware ha la possibilità di eseguire il proprio codice prima che la richiesta venga completata. Prima, quindi, che una risposta venga resa da altri, ovvero dal componente page, per esempio. Ed a proposito di esempio, .. vediamo il più piccolo dei middleware che mi è riuscido di scrivere per questo capitolo.

Per creare un middleware basta creare un file middleware nella root del progetto (allo stesso livello della cartella app).

middleware.ts
`export function middleware() { console.log(); }`

```
export const config = {
   matcher: '/'
}
```

E' basato sulla richiesta in entrata. Che per noi significa trasformare l'
esempio qui sopra in ...

```
middleware.ts

import { NextRequest} from "next/server"

export function middleware(request : NextRequest) {
   // do something here
}

export const config = {
   matcher: '/'
}
```

Con un middleware possiamo modificare la risposta. Possiamo riscriverla.
Possiamo restituire una risposta a nostra volta. Possiamo redirigere l'utente.
Modificare gli header. Cosa molto interessante, ... agiscono prima della
cache.

```
src/middleware.ts

import { NextResponse } from 'next/server';
import type { NextRequest } from 'next/server';

export function middleware(request: NextRequest) {
   return NextResponse.redirect(new URL('/home',
request.url));
}

export const config = {
   matcher: '/about/:path*',
};

un esempio di middleware
```

Convention

Per creare un middleware, basta creare un file middleware.ts. Vanno bene come estensione sia ts che js ma consiglio caldamente di passare a typescript. Infine bisogna sempre esportare anche la configurazione del matcher. Qui possiamo indicare quale o quali rotte chiameranno questo middleware.

Matching paths

Come ti ho già accennato, per indicare le rotte che devono rispondere ad un middleware, Possiamo utilizzare uno strumento che Next.js chiama matcher. O matching paths. Vengono invocati per ogni richiesta fatta al progetto punto con richiesta si intende una NextRequest. hanno il seguente ordine di esecuzione:

- headers from next.config.js
- redirects from next.config.js
- Middleware (rewrites, redirects, etc.)
- beforeFiles (rewrites) from next.config.js
- Filesystem routes (public/, _next/static/, pages/, app/, etc.)
- afterFiles (rewrites) from next.config.js
- Dynamic Routes (/blog/[slug])
- fallback (rewrites) from next.config.js

Matcher

Che cosa fa eseguire un middleware in un patto preciso punto sintassi del matcher è la seguente:

```
src/middleware.ts

export const config = {
  matcher: '/about/:path*',
};
```

Se invece vogliamo che il matcher intercetti una serie di rotte, possiamo utilizzare un Array di matcher.

```
export const config = {
  matcher: ['/about/:path*', '/dashboard/:path*'],
};
```

Sono certo che ci stavi già pensando. Ed infatti non potevano mancare le regexp per intercettare famiglie di rotte.

```
export const config = {
  matcher: [
    /*
     * Match all request paths except for the ones
starting with:
     * - api (API routes)
     * - _next/static (static files)
     * - _next/image (image optimization files)
     * - favicon.ico (favicon file)
     */
    '/((?!api|_next/static|_next/image|favicon.ico).*)',
  ],
};
```

Nell'elenco che segue, troviamo uno specchietto utile a comporre delle regexp adatte a tutti gli scopi.

- un matcher deve iniziare per /.
- puo includere named parameters
- /about/:path* dove * significa zero o più
- ? zero o uno
- + one o più
- /about/(.*) è lo stesso di /about/:path*

Cookie

Possiamo anche andare a leggere o scrivere i cookie. O cancellarli. Certo questo non è un esempio completo ma ci sono tutti gli ingredienti necessari per muoversi con i cookie.

```
import { NextResponse } from 'next/server';
import type { NextRequest } from 'next/server';

export function middleware(request: NextRequest) {
  request.cookies.has('foo'); // => true
  request.cookies.get('foo')?.value; // => "bar"
  request.cookies.delete('foo');
  request.cookies.has('foo'); // => false
  return NextResponse.next();
}
```

Headers

```
middleware.ts

import { NextRequest, NextResponse } from "next/server"

export function middleware(
    request : NextRequest
) {
    const requestHeaders = new Headers(request.headers)
    requestHeaders.set('X-custom-foo', 'che vogliamo')
    const response = NextResponse.next({
        request: {
            headers: requestHeaders
        }
    })
    response.headers.set('X-custom-foo', 'che vogliamo')
    return response
}
```

```
export const config = {
   matcher: '/'
}
```

Styling

Overview

Next.js non è solo componenti ed hook. E' anche css e styling delle pagine. Ci sono differenti modi per stilare una pagina o un'intera applicazione. Il metodo più banale è quello dell'utilizzo di un css globale. Con il tempo questa soluzione diventa difficile da manutenere. React supporta nativamente i moduli css. Ne vedremo un esempio tra poco.

Css Modules

React supporta nativamente i moduli css. Perché usare i moduli css? Perché sono locally scoped e consentono di usare la stessa classe in componenti diversi senza scatenare collisioni. L'ideale per avere un css a livello di componente.

Esempio

Tutti i module.css vengono poi minifcati in produzione. In questo esempio vedremo come utilizzare un css iniettando in un layout. L'esempio è fine a se stesso, ed un caso reale sarebbe certamente più complesso.

Prima di tutto il foglio di stile. Ho deciso di metterlo nella cartella app.

```
app/root.module.css

.redtitle {
    color: red;
}
```

Per poterlo utilizzare. A differenza di un css globale, questo file deve proprio chiamarsi con estensione .module.css. Altrimenti nemmeno l'IDE ce lo suggerisce nell'autocompletamento. Importandolo, quindi, ed assegnando gli stili ad una variabile, possiamo poi utilizzarla come nell'esempio che segue.

---

app/layout.tsx

```
'use client'

import Link from "next/link"
import React from "react"
import styles from './root.module.css'

export default function RootLayout({ children }) {
    return (
        <html lang="en">
            <body>
                <h1 className={styles.redtitle}>Next.js
tutorial</h1>
                [<Link href="/">home</Link>]
                <div
className="container">{children}</div>
            </body>
        </html>
    )
}
```

Global style

Se volessimo usare un foglio di stile globale, cosa che sconsiglio, ci basta crearne uno e poi importarlo direttamente come nel listato che segue. Se scarichiamo bootstrap o anche un altro framework, lo possiamo importare in questo modo.

---

bootstrap

```
import 'bootstrap/dist/css/bootstrap.css';

export default function RootLayout({
  children,
}: {
  children: React.ReactNode;
}) {
```

```
  return (
    <html lang="en">
      <body className="container">{children}</body>
    </html>
  );
}
```

Non è possibile usare <link />. un css esterno deve necessariamente essere importato direttamente con un pacchetto npm e collocato con il nostro codice.

Sass

Per gusto semplicemente personale, trovo che questa sia la scelta migliore. In primo luogo perché non si dipende da un framework esterno. In secondo luogo non si introduce debito tecnico. Il debito tecnico è, ... tutto quello che dovrei sapere ma ancora non so su uno strumento. Che senso ha usare un framework esterno se so già fare quel che mi serve? Se per esempio ci fa risparmiare tempo e siamo confidenti potrebbe avere senso appoggiarsi a bootstrap o tailwind. Ma non c'è framework che tenga che conosca il dominio della nostra applicazione. Una buona fetta di css, in sostanza, la lascerei comunque ad un foglio di stile sass.

> terminale
npm install --save-dev sass

Installarlo è fin troppo semplice e ci basta lanciare il comando npm install. Mi raccomando di usare l'opzione --save-dev per poter salvare sass solo tra le dipendenze di sviluppo. In produzione non dovremo avere sass. Ora passiamo alla configurazione.

next.config.js
| ```
const path = require('path');

module.exports = {
``` |
```

```
  sassOptions: {
    includePaths: [path.join(__dirname, 'styles')],
  },
};
```

Una volta configurata la nostra applicazione, possamo passare alla creazione del file module.scss.

/styles/variables.module.scss

```
$primary-color: #64ff00;

:export {
  primaryColor: $primary-color;
}
```

./app/page.tsx

```
// maps to root `/` URL

import variables from './variables.module.scss';

export default function Page() {
  return <h1 style={{ color: variables.primaryColor
}}>Hello, Next.js!</h1>;
}
```

Inclusione di un file scss in una pagina NextJs

Tailwind

Per integrare Tailwind in un progetto NextJs bisogna seguire questi pochi passaggi. Prima di tutto si installa tailwind css. Quindi si lascia il comando init per generare i file di configurazione.

> Terminale

```
npm install -D tailwindcss postcss autoprefixer
npx tailwindcss init -p
```

Installare e inizializzare tailwind in un progetto

Nella configurazione vanno poi indicati i file che usano tailwind. Notare soprattutto la presenza della cartella app.

```
/** @type {import('tailwindcss').Config} */
module.exports = {
  content: [
    './app/**/*.{js,ts,jsx,tsx,mdx}',
    './pages/**/*.{js,ts,jsx,tsx,mdx}',
    './components/**/*.{js,ts,jsx,tsx,mdx}',

    // Or if using `src` directory:
    './src/**/*.{js,ts,jsx,tsx,mdx}',
  ],
  theme: {
    extend: {},
  },
  plugins: [],
}
```

Aggiungi le direttive tailwind che lo stesso tailwind utilizza iniettare i suoi files generati in un foglio di stile globale per tutta la tua applicazione. Ecco un esempio:

app.globals.css

```
@tailwind base;
@tailwind components;
@tailwind utilities;
```

Dentro al layout principale bisogna ora importare il css globale.

app/layout.tsx

```
import type { Metadata } from 'next'

// These styles apply to every route in the application
import './globals.css'

export const metadata: Metadata = {
  title: 'Create Next App',
  description: 'Generated by create next app',
}

export default function RootLayout({
  children,
}: {
  children: React.ReactNode
}) {
  return (
    <html lang="en">
      <body>{children}</body>
    </html>
  )
}
```

Rendering

Il rendering è quell'operazione che converte il codice in una interfaccia grafica e quando si parla di Next.js non viene necessariamente fatto in una singola modalità. Ci sono infatti diversi ambienti e modi diversi di renderizzare le pagine che costruiamo.

In un'applicazione abbiamo due ambienti. Client e server. Il client viene visualizzato nel browser dell'utente, attraverso il computer o un altro dispositivo come uno smartphone o un tablet. Il client richiede una pagina web al server, ricevendo dallo stesso una interfaccia grafica. Il server invece e' invece l'ambiente dove gira la nostra applicazione.

Prima di React 18 si renderizzava principalmente lato client. Ora di default il router sceglie server component. Con "use client" diventano client component. E' possibile scegliere se si tratta di un componente client o un componente server a livello di singolo componente.

A livello di pagina si può scegliere quale runtime utilizzare. Se edge o nodejs. Nel secondo caso si ha accesso a tutte le api di nodejs. Il secondo invece è basato su web api.

```
app/page.tsx

export const runtime = 'edge'; // 'nodejs' (default) |
'edge'
```

Font

Il pacchetto 'next/font' ottimizza il caricamento dei font, compresi quelli personalizzati, per migliorare le prestazioni della pagina. Quando viene richiesto un font, potrebbe verificarsi un breve intervallo in cui la pagina mostra un font predefinito, ma una volta caricato il font desiderato, tutto torna alla normalità. Tuttavia, ciò può causare un leggero sfarfallio nei testi, con cambiamenti di dimensione.

Per evitare questo effetto, il pacchetto 'next/font' consente di precaricare i font desiderati. È possibile utilizzare direttamente i font inclusi nei file CSS, senza la necessità di caricarli tramite il tag <link/>. L'installazione del pacchetto è semplice, basta eseguire il comando "npm i @next/font". Questo pacchetto supporta una vasta selezione di font, inclusi quelli di Google (vedi esempio qui sotto), offrendo molte opzioni di personalizzazione per migliorare l'aspetto visivo e garantire un caricamento fluido dei font desiderati.

Nella prossima immagine si vede un esempio di utilizzo di @next/font.

Ed ecco il codice che rende possibile un risultato del genere. Si vede chiaramente come il tag h3 utilizzi questo font.

src/App.ts
```'use client'```

```
import React from "react";
import styles from './styles/foglio.module.scss'
import { Roboto } from '@next/font/google'

const roboto = Roboto({
    subsets: ["latin"],
    weight: ['400', '700'],
})

export default function Page({ }) {
return <>
<h2 className={styles.redClass}>Default</h2>
<h3 className={roboto.className}>Roboto</h3>
</>
}
```

Un esempio di utilizzo di un font di google

Il progetto

Nelle prossime pagine ti mostro un server realizzato con Symfony 6.3 ed un client in React 18 per il gioco Yahtzee.

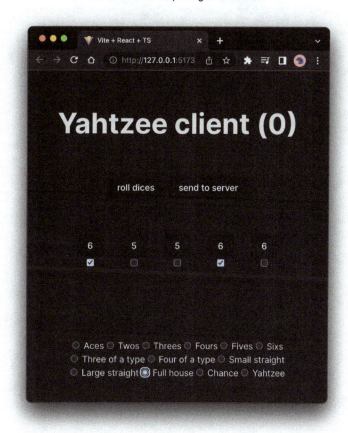

Yahtzee

Il Yahtzee è un gioco di dadi in cui l'obiettivo è ottenere il punteggio più alto possibile. Si gioca con cinque dadi a sei facce ed un foglio per tenere traccia dei punteggi.

Durante il gioco, ogni giocatore ha un turno per lanciare i dadi fino a tre volte. Dopo ogni lancio, puoi scegliere quali dadi tenere e quali scartare per lanciarli di nuovo. In verità ci si può giocare anche da soli, non è necessario avere degli avversari.

Lo scopo del gioco è ottenere diverse combinazioni di dadi. Ad esempio, se ottieni cinque dadi uguali, hai realizzato un "Yahtzee" e ottieni un punteggio elevato. Altre combinazioni possibili includono una scala di cinque dadi consecutivi, tre dadi uguali e due dadi uguali (full), e così via. Un po' come nel poker.

Ogni combinazione ha un punteggio specifico e devi cercare di ottenere il punteggio più alto possibile in ogni categoria. La categoria la devi scegliere obbligatoriamente alla fine di ogni turno sulla base dei dadi che ti sono usciti. Alla fine del gioco, il giocatore con il punteggio totale più alto vince. Se stai giocando da solo, ripeti il gioco e cerca di ottenere il punteggio massimo ogni volta fino a raggiungere o battere il tuo stesso record.

Server

Overview

Ha scelto Symfony In quanto io nasco come programmatore PHP. Da programmatore PHP ho sempre preferito questo framework ad altri. Mentre scrivo, siamo arrivati alla versione 6.3 Ma i concetti che vedremo sono validi praticamente per tutte le versioni di Symfony.

Anche se ho scelto questo framework tutta la parte logica del gioco è sviluppata in modo del tutto indipendente. Sia i test che il codice di produzione si trovano in una cartella Yahtzee separata dal resto.

Aggiungo che in queste pagine non ci sarà tutto il codice, quello lo si può scaricare direttamente da github dal repo che ho pubblicato sul mio account: https://github.com/sensorario/yahtzee-server. Su queste pagine ripropongo solo i passaggi principali.

Non mi soffermo troppo sulla parte PHP, perché al centro di questo libro ci sono altre tecnologie. Ma vale la pena dare un'occhiata per capire che cosa c'è sotto al cofano di questa applicazione.

Le categorie

Tutte le categorie di punteggio di questo gioco sono rappresentate nel codice che segue da un'enum Categories. La stessa dovrà essere replicata nel client React.

---

src/App/Yahtzee/Categories.php

```php
<?php

namespace App\Yahtzee;
```

```
enum Categories: int
{
    case Aces = 1;
    case Twos = 2;
    case Threes = 3;
    case Fours = 4;
    case Fives = 5;
    case Sixs = 6;
    case ThreOfAType = 7;
    case FourOfAType = 8;
    case SmallStraight = 9;
    case LargeStraight = 10;
    case FullHouse = 11;
    case Chance = 12;
    case Yahtzee = 13;
}
```

Lo score

Nel realizzare la parte server di quest'applicazione ho usato un approccio tdd test first. Adesso che siamo arrivati quasi alla fine del libro mi sono pentito di non aver fatto lo stesso con il client. Sarà per la prossima volta. In ogni caso, ... vediamo un po' di test. Questo test ci serve per calcolare il punteggio di un lancio di dadi.

```
tests/Yahtzee/ScoreTest.php
```
```php
<?php

namespace App\Tests\Yahtzee;

use App\Yahtzee\Categories;
use App\Yahtzee\Score;
use PHPUnit\Framework\TestCase;

class ScoreTest extends TestCase
{
    /** @dataProvider provider */
    public function
testAmountWithEveryDicesAndCategory($dices, $cat,
$expectedAmount): void
```

```
    {
        $score = new Score($dices, $cat);
        $this->assertEquals($expectedAmount,
$score->amount());
    }
    public function provider()
    {
        return [
            [[1, 1, 1, 1, 1], Categories::Aces, 5],
            [[1, 3, 1, 1, 1], Categories::Aces, 4],
            [[1, 3, 1, 1, 1], Categories::Twos, 0],
            [[1, 2, 1, 2, 1], Categories::Twos, 4],
            [[1, 3, 1, 1, 1], Categories::Threes, 3],
            [[1, 2, 1, 2, 1], Categories::Threes, 0],
            [[1, 3, 1, 1, 1], Categories::Fours, 0],
            [[1, 2, 1, 4, 1], Categories::Fours, 4],
            [[1, 3, 1, 1, 1], Categories::Fives, 0],
            [[1, 2, 5, 4, 5], Categories::Fives, 10],
            [[1, 3, 1, 1, 1], Categories::Sixs, 0],
            [[6, 6, 6, 6, 6], Categories::Sixs, 30],

            [[6, 6, 6, 6, 6], Categories::ThreOfAType,
30],
            [[6, 6, 1, 1, 1], Categories::ThreOfAType,
15],
            [[6, 6, 1, 3, 1], Categories::ThreOfAType,
0],
            [[6, 6, 6, 6, 6], Categories::FourOfAType,
30],
            [[1, 6, 1, 1, 1], Categories::FourOfAType,
10],
            [[1, 6, 1, 3, 1], Categories::FourOfAType,
0],
            [[6, 6, 1, 1, 1], Categories::Chance, 15],
            [[6, 6, 1, 1, 1], Categories::Yahtzee, 0],
            [[1, 1, 1, 1, 1], Categories::Yahtzee, 50],
            [[1, 1, 1, 1, 1], Categories::FullHouse, 0],
            [[1, 3, 3, 1, 1], Categories::FullHouse, 25],
            [[1, 2, 3, 4, 1], Categories::SmallStraight,
30],
            [[5, 2, 3, 4, 1], Categories::SmallStraight,
30],
            [[5, 2, 3, 4, 6], Categories::SmallStraight,
30],
            [[1, 2, 3, 1, 6], Categories::SmallStraight,
0],
```

```
            [[5, 2, 3, 4, 1], Categories::LargeStraight,
40],
            [[5, 2, 3, 4, 6], Categories::LargeStraight,
40],
            [[1, 2, 3, 1, 6], Categories::LargeStraight,
0],
        ];
    }
}
```

testo il calcolo di tutti i punteggi

Ed ecco il codice di produzione. Se sei interessato all'intero processo di creazione di questo codice, puoi trovarlo cercando "yahtzee" nel mio canale youtube. L'ho nominato poco nel libro ma ci tengo a dire che quasi tutto il contenuto che vedi in questo libri viene al 99% da un video che ho realizzato in modalità quasi live. Cose che potrei aver espresso poco chiaramente qui, le potresti trovare direttamente nel canale youtube.

src/Yahtzee/Score.php

```php
<?php

namespace App\Yahtzee;

use Symfony\Component\VarExporter\VarExporter;

class Score
{
    public function __construct(
        private array $dices,
        private Categories $categories,
    ) {}

    public function amount()
    {
        $valuesQuantity =
array_count_values(array_values($this->dices));
        $flipped = array_flip($valuesQuantity);

        if ($this->categories ===
Categories::SmallStraight) {
```

```
            if (
                in_array(1, $this->dices)
                && in_array(2, $this->dices)
                && in_array(3, $this->dices)
                && in_array(4, $this->dices)
                ||
                in_array(2, $this->dices)
                && in_array(3, $this->dices)
                && in_array(4, $this->dices)
                && in_array(5, $this->dices)
                ||
                in_array(3, $this->dices)
                && in_array(4, $this->dices)
                && in_array(5, $this->dices)
                && in_array(6, $this->dices)
            ) {
                return 30;
            }
        }

        if ($this->categories ===
Categories::LargeStraight) {
            if (
                in_array(1, $this->dices)
                && in_array(2, $this->dices)
                && in_array(3, $this->dices)
                && in_array(4, $this->dices)
                && in_array(5, $this->dices)
                ||
                in_array(2, $this->dices)
                && in_array(3, $this->dices)
                && in_array(4, $this->dices)
                && in_array(5, $this->dices)
                && in_array(6, $this->dices)
            ) {
                return 40;
            }
        }

        if ($this->categories === Categories::Yahtzee)
            if (isset($flipped[5]))
                return 50;

        if ($this->categories ===
Categories::ThreOfAType)
            if (isset($flipped[3]) || isset($flipped[4])
```

```
|| isset($flipped[5]))
            return array_sum($this->dices);

      if ($this->categories === Categories::FullHouse)
          if (isset($flipped[3]) && isset($flipped[2]))
              return 25;

      if ($this->categories ===
Categories::FourOfAType)
          if (isset($flipped[4]) || isset($flipped[5]))
              return array_sum($this->dices);

      if ($this->categories === Categories::Chance)
              return array_sum($this->dices);

      $amount = 0;
      foreach($this->dices as $dice)
          if ($dice === $this->categories->value)
              $amount += $this->categories->value;
      return $amount;
   }
}
```
calcolo dei punteggi del gioco Yahtzee

Le mosse

L'intento di questa classe era quello di consentire una semantica migliorie al codice.

tests/Yahtzee/MoveTest.php

```
<?php

namespace App\Tests\Yahtzee;

use App\Yahtzee\Categories;
use App\Yahtzee\Move;
use PHPUnit\Framework\TestCase;

class MoveTest extends TestCase
```

```
{
    public function testSomething()
    {
        $move = new Move(Categories::Yahtzee, [1, 1, 1,
1, 1]);
        $this->assertEquals(50, $move->score());
    }
}
```

Ogni mossa è rappresentata dal codice che segue. Qui hai una coppia di valori: un parametro di tipo Categories, per indicare a quale categoria deve essere associata la sequenza dei valori dei dadi. il secondo parametro sarà invece un array con tutti i dadi.

src/App/Yahtzee/Move.php

```php
<?php

namespace App\Yahtzee;

class Move
{
    public function __construct(
        private Categories $categories,
        private array $dices,
    ) { }

    public function getCategory(): int
    {
        return $this->categories->value;
    }

    public function score(): int
    {
        $score = new Score(
            $this->dices,
            $this->categories,
        );

        return $score->amount();
    }
}
```

Turni

Ogni turno giocato invece viene gestito da questa classe. Ogni singola mossa viene registrata qui. Questa classe espone un metodo per registrare una mossa. Espone anche un altro metodo che ha il compito di calcolare il punteggio finale. Si preoccupa anche di controllare che non venga inserita due volte la stessa categoria. Vediamo prima i test e poi il codice di produzione:

tests/Yahtzee/TurnsTest.php

```php
<?php

namespace App\Tests\Yahtzee;

use App\Yahtzee\Categories;
use App\Yahtzee\Move;
use App\Yahtzee\Turns;
use App\Yatzee\Category;
use PHPUnit\Framework\TestCase;

class TurnsTest extends TestCase
{
    /** @test */
    public function areGloballyThirteen(): void
    {
        $turns = new Turns;
                                    $this->assertEquals(13,
$turns->availableMoves());
    }
    /** @test */
                                    public          function
afterEachMoveDecreaseNumberOfAvailableMoves(): void
    {
        $move = $this->getMockBuilder(Move::class)
            ->disableOriginalConstructor()
            ->getMock();
        $turns = new Turns;
        $turns->record($move);
                                    $this->assertEquals(12,
$turns->availableMoves());
    }
```

```
     /** @test  */
                                    public        function
throwAnExceptionWheneverSameCategoryIsUsedTwice(): void
    {
        $this->expectException(\RuntimeException::class);
        $move = $this->getMockBuilder(Move::class)
            ->disableOriginalConstructor()
            ->getMock();
        $move->method('getCategory')

->willReturnOnConsecutiveCalls(Categories::Fives->value,
Categories::Fives->value);
        $turns = new Turns;
        $turns->record($move);
        $turns->record($move);
    }
}
```

Ed ecco il codice di produzione

```
src/Turns.php
```

```php
<?php

namespace App\Yahtzee;

class Turns
{
    private array $moves = [];

    public function availableMoves()
    {
        return 13 - count($this->moves);
    }

    public function record(Move $move)
    {
        $key = $move->getCategory();

        if (isset($this->moves[$key])) {
            throw new \RuntimeException;
        }

        $this->moves[$key] = $move;
    }
}
```

```php
    public function score()
    {
        $score = 0;
        foreach($this->moves as $move) {
            $score += $move->score();
        }

        return $score;
    }
}
```

src/Yahtzee/Score.php

```php
<?php

namespace App\Yahtzee;

use Symfony\Component\VarExporter\VarExporter;

class Score
{
    public function __construct(
        private array $dices,
        private Categories $categories,
    ) {}

    public function amount()
    {
        $valuesQuantity =
array_count_values(array_values($this->dices));
        $flipped = array_flip($valuesQuantity);

        if ($this->categories ===
Categories::SmallStraight) {
            if (
                in_array(1, $this->dices)
                && in_array(2, $this->dices)
                && in_array(3, $this->dices)
                && in_array(4, $this->dices)
                ||
                in_array(2, $this->dices)
                && in_array(3, $this->dices)
                && in_array(4, $this->dices)
```

```
                && in_array(5, $this->dices)
                ||
                in_array(3, $this->dices)
                && in_array(4, $this->dices)
                && in_array(5, $this->dices)
                && in_array(6, $this->dices)
            ) {
                return 30;
            }
        }

        if ($this->categories ===
Categories::LargeStraight) {
            if (
                in_array(1, $this->dices)
                && in_array(2, $this->dices)
                && in_array(3, $this->dices)
                && in_array(4, $this->dices)
                && in_array(5, $this->dices)
                ||
                in_array(2, $this->dices)
                && in_array(3, $this->dices)
                && in_array(4, $this->dices)
                && in_array(5, $this->dices)
                && in_array(6, $this->dices)
            ) {
                    return 40;
            }
        }

        if ($this->categories === Categories::Yahtzee)
            if (isset($flipped[5]))
                return 50;

        if ($this->categories ===
Categories::ThreeOfAType)
            if (
                isset($flipped[3])
                || isset($flipped[4])
                || isset($flipped[5])
            ) return array_sum($this->dices);

        if ($this->categories === Categories::FullHouse)
            if (isset($flipped[3]) && isset($flipped[2]))
                return 25;
```

```
        if ($this->categories ===
Categories::FourOfAType)
            if (isset($flipped[4]) || isset($flipped[5]))
                return array_sum($this->dices);

        if ($this->categories === Categories::Chance)
            return array_sum($this->dices);

        $amount = 0;
        foreach($this->dices as $dice)
            if ($dice === $this->categories->value)
                $amount += $this->categories->value;

        return $amount;
    }
}
```

I controller

Symfony è un framework MVC pertanto ora vedremo i due controller che ho
pensato di creare per realizzare questa applicazione. Il primo per registrare
una certa mossa fatta dal giocatore. Il secondo per mostrare il punteggio di
un certo giocatore.

```php
<?php

namespace App\Controller;

use App\Repository\MoveRepository;
use App\Request\MoveRequest;
use App\Yahtzee\Categories;
use App\Yahtzee\Move;
use App\Yahtzee\Turns;
use Doctrine\ORM\EntityManagerInterface;
use
Symfony\Bundle\FrameworkBundle\Controller\AbstractControl
ler;
use
Symfony\Component\HttpFoundation\Exception\BadRequestExce
ption;
use Symfony\Component\HttpFoundation\Response;
use Symfony\Component\Routing\Annotation\Route;
```

```php
class MoveController extends AbstractController
{
    #[Route('/move', name: 'app_move')]
    public function index(
        EntityManagerInterface $manager,
        MoveRepository $moveRepository,
        MoveRequest $moveRequest,
    ): Response {
        if ($moveRequest->isMissingGameIdentifier()) {
            throw new BadRequestException('Oops! Missing
game id');
        }
        $moves = $moveRepository->findBy([
            'game' => $moveRequest->getGameIdentifier(),
        ]);
        $turns = new Turns;
        foreach ($moves as $item) {
            $cat =
Categories::from($item->getCategory());
            $dices = $item->getDices();
            $yahtzeeMove = new Move($cat, $dices);
            $turns->record($yahtzeeMove);
        }
        try {
            $move = $moveRequest->getYahtzeeMove();
            $turns->record($move);
        } catch (\Exception $e) {
            throw new BadRequestException;
        }
        // persisto punteggio
        $moveEntity = new \App\Entity\Move;

$moveEntity->setGame($moveRequest->getGameIdentifier());
        $moveEntity->setDices($moveRequest->getDices());

$moveEntity->setCategory($moveRequest->getCategory());
        $manager->persist($moveEntity);
        $manager->flush();

        return $this->json([
            'score' => $turns->score(),
        ], 200);
    }
}
```

```php
<?php

namespace App\Controller;

use App\Repository\MoveRepository;
use App\Yahtzee\Categories;
use App\Yahtzee\Move;
use App\Yahtzee\Turns;
use
Symfony\Bundle\FrameworkBundle\Controller\AbstractControl
ler;
use
Symfony\Component\HttpFoundation\Exception\BadRequestExce
ption;
use Symfony\Component\HttpFoundation\Response;
use Symfony\Component\Routing\Annotation\Route;

class ScoreController extends AbstractController
{
    #[Route('/score/{gameId}', name: 'app_score')]
    public function index(
        string $gameId,
        MoveRepository $moveRepository,
    ): Response {
        $moves = $moveRepository->findBy([
            'game' => $gameId,
        ]);
        $score = 0;
        $turns = new Turns;
        foreach ($moves as $move) {
            $turns->record(
                new Move(

Categories::from($move->getCategory()),
                    $move->getDices()
                )
            );
            $score = $turns->score();
        }
        return $this->json([
            'score' => $score,
        ]);
    }
}
```

Riassunto

Per farla breve, abbiamo due rotte. La prima serve per inviare una mossa al server. La richiesta deve contenere l'id del gioco, i dadi e l'id della categoria. In risposta verrà restituito il punteggio totale ottenuto sino a quel momento.

```
> POST /move
> {
>     "game_id": "1234567890",
>     "dices": [1, 2, 3, 4, 5],
>     "category": "3"
> }
< HTTP 200 OK
< {
<     "score" : 42
< }
```

C'è poi una seconda chiamata, che serve per ottenere il punteggio. Basta la prima, ma questa si è resa necessaria per fare dei test: per controllare che effettivamente dopo una chiamata, il punteggio fosse cambiato di conseguenza.

```
> GET /score/{gameId}
< HTTP 200 OK
< {
<     "score" : 42
< }
```

Client

Overview

React l'ho trattato per 25 video sul canale youtube ed è stato il contenuto che mi ha portato ad iniziare a scrivere degli appunti che con il tempo sono diventati questo libro. Dalla serie di video sono poi arrivato a questo progetto. Nelle prossime pagine riporto passo dopo passo tutte le fasi che ho affrontato per realizzare un client per Yahtzee.

> *La parte server non è in NextJs semplicemente perché mi è capitato di fare un video su php dedicato ad un gioco. E volevo sfruttarlo. Inoltre volevo cogliere l'occasione per mostrare una modalità di sviluppo che prevede la divisione, fisica, di client e di server. Questo è un esempio di questo tipo di suddivisione.*

Tutto nasce da alcuni video dove ho realizzato una applicazione php per giocare al gioco yahtzee. Sopra quella applicazione ci ho costruito una interfaccia rest con symfony. Infine ho realizzato un client che con quell'api ci dialogasse per giocare. Era da tempo che volevo realizzare un gioco. Ho pensato di farlo diventare il "mostro finale" di questo libro. Un manuale su React senza un esempio vero e proprio non avrebbe avuto senso.

Creazione interfaccia

Innanzi tutto sono partito dalla creazione di una applicazione react con vite. Il comando da lanciare e' **npm create vite@latest** e da quello che si ottiene ho cancellato tutto dentro al componente App per arrivare ad ottenere con un'applicazione vuota. Ho mantenuto solo gli stili ma di html non ho lasciato altro che il fragment <></>.

Ci tengo comunque a ricordare che tutti questi passaggi sono stati presi dal video yahtzee che si trova sul canale di youtube. Li puoi vedere ogni singolo passaggio dal vivo.

In questo passaggio vado a mostrare con un h1 il titolo dell'applicazione. Subito sotto vado ad aggiungere un bottone con la label "lancia i dadi". Questo bottone potrà essere utilizzato fino a tre volte per turno. Infatti nel gioco che sto realizzando, dopo il primo lancio il giocatore può decidere se mantenere la sequenza di dadi o se cambiarne qualcuno. Questa operazione di rilancio può avvenire solo due volte. Per un totale di tre lanci.

Al terzo lancio di dadi, il bottone deve scomparire. Il numero di lanci viene memorizzato in una variabile lanci effettuati creata apposta per contarli. Subito sotto al bottone viene mostrata una label che spiega all'utente giocante quanti lanci sono rimasti nel turno corrente.

```
import { useState } from 'react'
import './App.css'

function App() {
  const [lanciEffettuati, setLanciEffettuati] =
useState(0)

  const lanciaIDadi = () => {
    setLanciEffettuati(lanciEffettuati + 1)
  }

  return (
    <>
      <h1>Yahtzee Client (0)</h1>
      { lanciEffettuati < 3 ? <button onClick={() =>
lanciaIDadi()}>lancia i dadi</button> : '' }
      <div className="card">{(3 - lanciEffettuati)}
lanci rimasti</div>
    </>
  )
}

export default App
```

Mostra dadi

Come passaggio successivo, vado a simulare il lancio di cinque dadi generando altrettanti numeri randomici. Usiamo un valore casuale per ciascun dado. La generazione del set di cinque dadi, avviene al variare della variabile lanciEffettuati.

Ultimo passaggio, ma non meno importante, viene aggiunto un altro elemento grafico che mostra i valori dei dadi che sono stati generati. Volendo creare qualche modifica grafica sarebbe interessante sostituire dei numeri con le vere e proprie facce di un dado.

```
import { useMemo, useState } from 'react'
import './App.css'

function App() {
const [lanciEffettuati, setLanciEffettuati] = useState(0)

const lanciaIDadi = () => {
setLanciEffettuati(lanciEffettuati + 1)
}

const lancioDeiDadi = () => {
    return [
        Math.floor(Math.random() * 6) + 1,
        Math.floor(Math.random() * 6) + 1,
        Math.floor(Math.random() * 6) + 1,
        Math.floor(Math.random() * 6) + 1,
        Math.floor(Math.random() * 6) + 1,
    ]
}

const dices : number[] = useMemo(() => {
    if (lanciEffettuati != 0) {
        return lancioDeiDadi()
    }
    return []
}, [lanciEffettuati])

return (
<>
```

```
<h1>Yahtzee Client (0)</h1>
{ lanciEffettuati < 3 ? <button onClick={() =>
lanciaIDadi()}>lancia i dadi</button> : ''}
<div className="card">{(3 - lanciEffettuati)} lanci
rimasti</div>
<div className="card">{dices.map(dice => dice)}</div>
</>
)
}

export default App
```

Dadi bloccati

Nel gioco Yahtzee deve esserci la possibilità di bloccare dei dadi se sono utili al raggiungimento di un risultato utile. Nel totale dei tre lanci, per due volte è possibile bloccare i dadi usciti fino a questo momento per mantenere quelli utili al raggiungimento di un certo punteggio.

Per poter indicare i dadi da bloccare ho scelto di utilizzare delle checkbox. Nelle checkbox sono memorizzati nei dataset un identificatore della posizione del dado ed il suo valore. Quando arriva il momento di lanciare i dadi nuovamente, viene interrogata la pagina html estraendo queste informazioni. Così sappiamo quale dado ha quale valore e se la checkbox relativa ad un certo dado ha valore checked a true. Quest'ultimo meccanismo viene gestito dalla funzione lancioDelDado().

```
import { useMemo, useState } from 'react'
import './App.css'

function App() {
const [lanciEffettuati, setLanciEffettuati] = useState(0)

const lanciaIDadi = () => {
setLanciEffettuati(lanciEffettuati + 1)
}

const lancioDelDado = (index) => {
    const dado = document
```

```
        .querySelector('[data-index="'+index+'"')
    if (dado?.checked === true) {
        return dado.dataset.value;
    }
    return Math.floor(Math.random() * 6) + 1
}

const lancioDeiDadi = () => {
    if (lanciEffettuati > 0) {
        const rolled = []
        for (let i = 0; i < 5; i++)
rolled.push(lancioDelDado(i))
            return rolled
    }

    return [
        Math.floor(Math.random() * 6) + 1,
        Math.floor(Math.random() * 6) + 1,
        Math.floor(Math.random() * 6) + 1,
        Math.floor(Math.random() * 6) + 1,
        Math.floor(Math.random() * 6) + 1,
    ]
}

const dices : number[] = useMemo(() => {
if (lanciEffettuati != 0) {
return lancioDeiDadi()
}
return []
}, [lanciEffettuati])

return (
<>
<h1>Yahtzee Client (0)</h1>
{ lanciEffettuati < 3 ? <button onClick={() =>
lanciaIDadi()}>lancia i dadi</button> : ''}
<div className="card">{(3 - lanciEffettuati)} lanci
rimasti</div>
<div className="card">{dices.map((dice, index) =>
<>
{dice} <input type='checkbox' data-index={index}
data-value={dice} />
</>
)}</div>
</>
)
```

```
}

export default App
```

Le categorie

Per semplificare il lavoro di test, ho aggiunto solo tre categorie. Alla fine del capitolo verranno aggiunte tutte quante. La ragione è banale: alla fine dei 13 turni voglio mostrare un messaggio finale. Aggiungendo solo tre categorie, i turni da giocare non saranno tredici ma solamente tre. Questo mi farà risparmiare tempo nel fare debug.

```
import { useMemo, useState } from 'react'
import './App.css'

function App() {
const [lanciEffettuati, setLanciEffettuati] = useState(0)

const lanciaIDadi = () => {
setLanciEffettuati(lanciEffettuati + 1)
}

const lancioDelDado = (index) => {
const dado =
document.querySelector('[data-index="'+index+'"]')
if (dado?.checked === true) {
return dado.dataset.value;
}
return Math.floor(Math.random() * 6) + 1
}

const lancioDeiDadi = () => {
if (lanciEffettuati > 0) {
const rolled = []
for (let i = 0; i < 5; i++) rolled.push(lancioDelDado(i))
return rolled
}

return [
Math.floor(Math.random() * 6) + 1,
Math.floor(Math.random() * 6) + 1,
```

```
Math.floor(Math.random() * 6) + 1,
Math.floor(Math.random() * 6) + 1,
Math.floor(Math.random() * 6) + 1,
]
}

const dices : number[] = useMemo(() => {
if (lanciEffettuati != 0) {
return lancioDeiDadi()
}
return []
}, [lanciEffettuati])

const mappaCategorie = []
mappaCategorie[1] = 'Aces'
mappaCategorie[2] = 'Twos'
mappaCategorie[3] = 'Threes'

return (
<>
<h1>Yahtzee Client (0)</h1>
{ lanciEffettuati < 3 ? <button onClick={() =>
lanciaIDadi()}>lancia i dadi</button> : ''}
<div className="card">{(3 - lanciEffettuati)} lanci
rimasti</div>
<div className="card">{dices.map((dice, index) =>
<>
{dice} <input type='checkbox' data-index={index}
data-value={dice} />
</>
)}</div>
</>
)
}

export default App
```

Bottone invia dati

Qui vado a mostrare tutte le categorie e selezionare quella che voglio associare alla combinazione di dati che ho ottenuti con uno, due oppure tre lanci. Una volta che ho selezionata la categoria posso finalmente mostrare il bottone invia i dati al server. I dati effettivi li invieremo nel prossimo step. In questo andiamo solo a predisporre la grafica del bottone in modo che sia visibile solo al momento giusto.

```
import { useMemo, useState } from 'react'
import './App.css'

function App() {
const [lanciEffettuati, setLanciEffettuati] = useState(0)
const [categoriaSelezionata, setCategoria] = useState(0)

const lanciaIDadi = () => {
setLanciEffettuati(lanciEffettuati + 1)
}

const lancioDelDado = (index) => {
const dado =
document.querySelector('[data-index="'+index+'"')
if (dado?.checked === true) {
return dado.dataset.value;
}
return Math.floor(Math.random() * 6) + 1
}

const lancioDeiDadi = () => {
if (lanciEffettuati > 0) {
const rolled = []
for (let i = 0; i < 5; i++) rolled.push(lancioDelDado(i))
return rolled
}

return [
Math.floor(Math.random() * 6) + 1,
Math.floor(Math.random() * 6) + 1,
Math.floor(Math.random() * 6) + 1,
Math.floor(Math.random() * 6) + 1,
Math.floor(Math.random() * 6) + 1,
]
}

const dices : number[] = useMemo(() => {
if (lanciEffettuati != 0) {
return lancioDeiDadi()
}
return []
```

```
}, [lanciEffettuati])

const mappaCategorie = []
mappaCategorie[1] = 'Aces'
mappaCategorie[2] = 'Twos'
mappaCategorie[3] = 'Threes'

return (
<>
<h1>Yahtzee Client (0)</h1>
{ lanciEffettuati < 3 ? <button onClick={() =>
lanciaIDadi()}>lancia i dadi</button> : ''}
{ lanciEffettuati > 0 && categoriaSelezionata != 0 ?
<button>invia i dati al server</button> : '' }
<div className="card">{(3 - lanciEffettuati)} lanci
rimasti</div>
<div className="card">{dices.map((dice, index) =>
<>
{dice} <input type='checkbox' data-index={index}
data-value={dice} />
</>
)}</div>
<div className="card">{mappaCategorie.map((categoria,
index) => <>
<input onClick={() => setCategoria(index)}
name="categoria" type='radio' /> {categoria}
</>)}</div>
</>
)
}

export default App
```

Manda dati al server

In questo passaggio, invio i dati al server. Quando inviamo i dati al server ci dobbiamo ricordare di comporre un oggetti json con id del game, id della categoria e sequenza dei dadi. Inoltre dobbiamo ricordare di fare una chiamata post e con content-type application/json.

Al termine della chiamata l'interfaccia deve essere resettata in modo da rendere nuovamente possibile il lancio dei dadi. In questo senso andranno resettati i dadi, il numero di lanci effettuati ma anche la categoria in modo tale che nessuna categoria risulti selezionata. Questo automaticamente andrà a nascondere il bottone che invia i dati al server.

Ultimo ma non meno importante, ... dobbiamo ricordare che il server risponde con il punteggio totale dell'utente. Questo punteggio lo mostriamo a video a fianco del titolo per comunicare all'utente quanti punti ha raggiunto sino a questo momento.

```
import { useMemo, useState } from 'react'
import './App.css'

const gameId = Math.random()

function App() {
const [score, setScore] = useState(0)
const [lanciEffettuati, setLanciEffettuati] = useState(0)
const [categoriaSelezionata, setCategoria] = useState(0)

const lanciaIDadi = () => {
setLanciEffettuati(lanciEffettuati + 1)
}

const lancioDelDado = (index) => {
const dado =
document.querySelector('[data-index="'+index+'"')
if (dado?.checked === true) {
return dado.dataset.value;
}
return Math.floor(Math.random() * 6) + 1
}

const lancioDeiDadi = () => {
if (lanciEffettuati > 0) {
const rolled = []
for (let i = 0; i < 5; i++) rolled.push(lancioDelDado(i))
return rolled
}

return [
Math.floor(Math.random() * 6) + 1,
```

```
Math.floor(Math.random() * 6) + 1,
Math.floor(Math.random() * 6) + 1,
Math.floor(Math.random() * 6) + 1,
Math.floor(Math.random() * 6) + 1,
]
}

const aggiornaPunteggio = (response:object) => {
    setScore(response?.score)
    setLanciEffettuati(0)
    setCategoria(0)
}

const inviaDatiAlServer = () => {

    const data = {
        game_id: gameId,
        dices: dices,
        category: categoriaSelezionata,
    }

    fetch('http://localhost:8894/move', {
        method: 'POST',
        headers: {
            'Content-type': 'application/json'
        },
        body: JSON.stringify(data)
    })
    .then(res => res.json())
    .then(json => aggiornaPunteggio(json))
}

const dices : number[] = useMemo(() => {
if (lanciEffettuati != 0) {
return lancioDeiDadi()
}
return []
}, [lanciEffettuati])

const mappaCategorie = []
mappaCategorie[1] = 'Aces'
mappaCategorie[2] = 'Twos'
mappaCategorie[3] = 'Threes'

return (
<>
```

```
<h1>Yahtzee Client ({score})</h1>
{   lanciEffettuati   <   3   ?   <button   onClick={()   =>
lanciaIDadi()}>lancia i dadi</button> : ''}
{ lanciEffettuati > 0 && categoriaSelezionata != 0 ?
<button onClick={inviaDatiAlServer}>invia i dati al
server</button> : '' }
<div className="card">{(3 - lanciEffettuati)} lanci
rimasti</div>
<div className="card">{dices.map((dice, index) =>
<>
{dice} <input type='checkbox' data-index={index}
data-value={dice} />
</>
)}</div>
<div className="card">{mappaCategorie.map((categoria,
index) => <>
<input onClick={() => setCategoria(index)}
name="categoria" type='radio' /> {categoria}
</>)}</div>
</>
)
}

export default App
```

Fine del gioco

Siamo arrivati alla fine del gioco. Teniamo traccia delle categorie selezionate sino a questo momento e quando raggiungiamo il limite mostriamo il punteggio finale all'utente. Come anticipato, ... ora posso aggiungere tutte le categorie.

```
import { useMemo, useState } from 'react'
import './App.css'

const gameId = Math.random()
const categorieSelezionate = []

function App() {
const [score, setScore] = useState(0)
const [lanciEffettuati, setLanciEffettuati] = useState(0)
const [categoriaSelezionata, setCategoria] = useState(0)

const lanciaIDadi = () => {
setLanciEffettuati(lanciEffettuati + 1)
}

const lancioDelDado = (index) => {
const dado =
document.querySelector('[data-index="'+index+'"')
if (dado?.checked === true) {
return dado.dataset.value;
}
return Math.floor(Math.random() * 6) + 1
}

const lancioDeiDadi = () => {
if (lanciEffettuati > 0) {
const rolled = []
for (let i = 0; i < 5; i++) rolled.push(lancioDelDado(i))
return rolled
}

return [
Math.floor(Math.random() * 6) + 1,
Math.floor(Math.random() * 6) + 1,
Math.floor(Math.random() * 6) + 1,
Math.floor(Math.random() * 6) + 1,
```

```
Math.floor(Math.random() * 6) + 1,
]
}


const aggiornaPunteggio = (response:object) => {
setScore(response?.score)
categorieSelezionate.push(categoriaSelezionata)
setLanciEffettuati(0)
setCategoria(0)
}

const inviaDatiAlServer = () => {

const data = {
game_id: gameId,
dices: dices,
category: categoriaSelezionata,
}

fetch('http://localhost:8894/move', {
method: 'POST',
headers: {
'Content-type': 'application/json'
},
body: JSON.stringify(data)
})
.then(res => res.json())
.then(json => aggiornaPunteggio(json))
}

const dices : number[] = useMemo(() => {
if (lanciEffettuati != 0) {
return lancioDeiDadi()
}
return []
}, [lanciEffettuati])

const mappaCategorie = []
mappaCategorie[1] = 'Aces'
mappaCategorie[2] = 'Twos'
mappaCategorie[3] = 'Threes'
mappaCategorie[4] = 'Fours'
mappaCategorie[5] = 'Fives'
mappaCategorie[6] = 'Sixs'
mappaCategorie[7] = 'Three of a type'
```

```
mappaCategorie[8] = 'Four of a type'
mappaCategorie[9] = 'Small straight'
mappaCategorie[10] = 'Large straight'
mappaCategorie[11] = 'Full house'
mappaCategorie[12] = 'Chance'
mappaCategorie[13] = 'Yahtzee'

return (
<>
{ categorieSelezionate.length == mappaCategorie.length -
1 ? <>
<h1>Punteggio totalizzato: {score}</h1>
</> : <>
<h1>Yahtzee Client ({score})</h1>
{ lanciEffettuati < 3 ? <button onClick={() =>
lanciaIDadi()}>lancia i dadi</button> : ''}
{ lanciEffettuati > 0 && categoriaSelezionata != 0 ?
<button onClick={inviaDatiAlServer}>invia i dati al
server</button> : '' }
<div className="card">{(3 - lanciEffettuati)} lanci
rimasti</div>
<div className="card">{dices.map((dice, index) =>
<>
{dice} <input type='checkbox' data-index={index}
data-value={dice} />
</>
)}</div>
<div className="card">{mappaCategorie.map((categoria,
index) => <>
{ categorieSelezionate.includes(index) ? '' : <><input
onClick={() => setCategoria(index)} name="categoria"
type='radio' /> {categoria}</> }
</>)}</div>
</> }
</>
)
}

export default App
```

Conclusioni

Sei arrivato alla fine. Ma il tuo percorso continua. Sino ad ora per me é stato un simpatico modo di imparare un aspetto ormai dimenticato del mio lavoro: il front end. Ormai faccio quasi esclusivamente backend o altro che somiglia più a qualche cosa di legato al mondo devops. E' stato anche un modo per approfondire tutto quello che raccontavo in qualche video su youtube una volta raccolti i feedback da commenti sul canale o da qualche canale Telegram.

Inizialmente pensavo che avrei parlato solamente di React. La curiosità mi ha poi portato alla scoperta di Next.Js. Quindi ho voluto dedicare tutta una seconda parte di questo volume a questo framework. Si è aggiunto TypeScript, anche se solo una piccola parte. Mentre scrivo ho raggiunto le circa 200 pagine. E' senza dubbio un'impresa titanica per me. Spero sia stata anche utile per te. Grazie per essere arrivato fino a qui.

Per quanto studiare e fare video possa essere stato divertente e formativo, ho imparato davvero qualche cosa facendo una applicazione completa. Mettere in pratica tutto è la cosa più utile, almeno secondo me. Quindi adesso chiudi questo libro ed inventa, gioca, scopri. Io a fare tutto questo mi ci sono divertito un mondo. Ti auguro di divertirti altrettanto.

Siamo a quota quasi 350 pagine. Ho imparato davvero moltissimo. Sopratutto sul fatto che scrivere un libro non è per nulla un gioco da ragazzi. Bisogna pensare all'indice dei contenuti. Immagini si o immagini no. Stampa a colori o stampa in bianco e nero. Personalmente detesto il bianco e nero sopratutto se il testo fa riferimento ad un certo colore di un certo grafico... Devi sapere se pubblicherai un ebook o un libro cartaceo. Devi decidere che materiali utilizzare. L'immagina della copertina. Una ciurma di persone è necessaria per fare le revisioni. Bisogna organizzarsi per distribuire eventuali capitoli. Bisogna trovare lo strumento giusto per farlo. Bisogna pensare a promuvoere il libro, a fare anche un po' di pubblicità. Dove pubblicarlo. Come gestire gli errori dopo che lo hai gia messo in distribuzione. In molte di queste cose mi ci sono semplicemente buttato. Altre non le ho mai imparate. Ad oggi non ho idea se ne farò altri ma certamente affronterò un secondo tentativo con tutt'altro spirito e tutt'altra consapevolezza di come far nascere, crescere e pubblicare un libro.

A presto!

The End

www.ingramcontent.com/pod-product-compliance
Lightning Source LLC
La Vergne TN
LVHW051637050326
832903LV00022B/787